AF473111

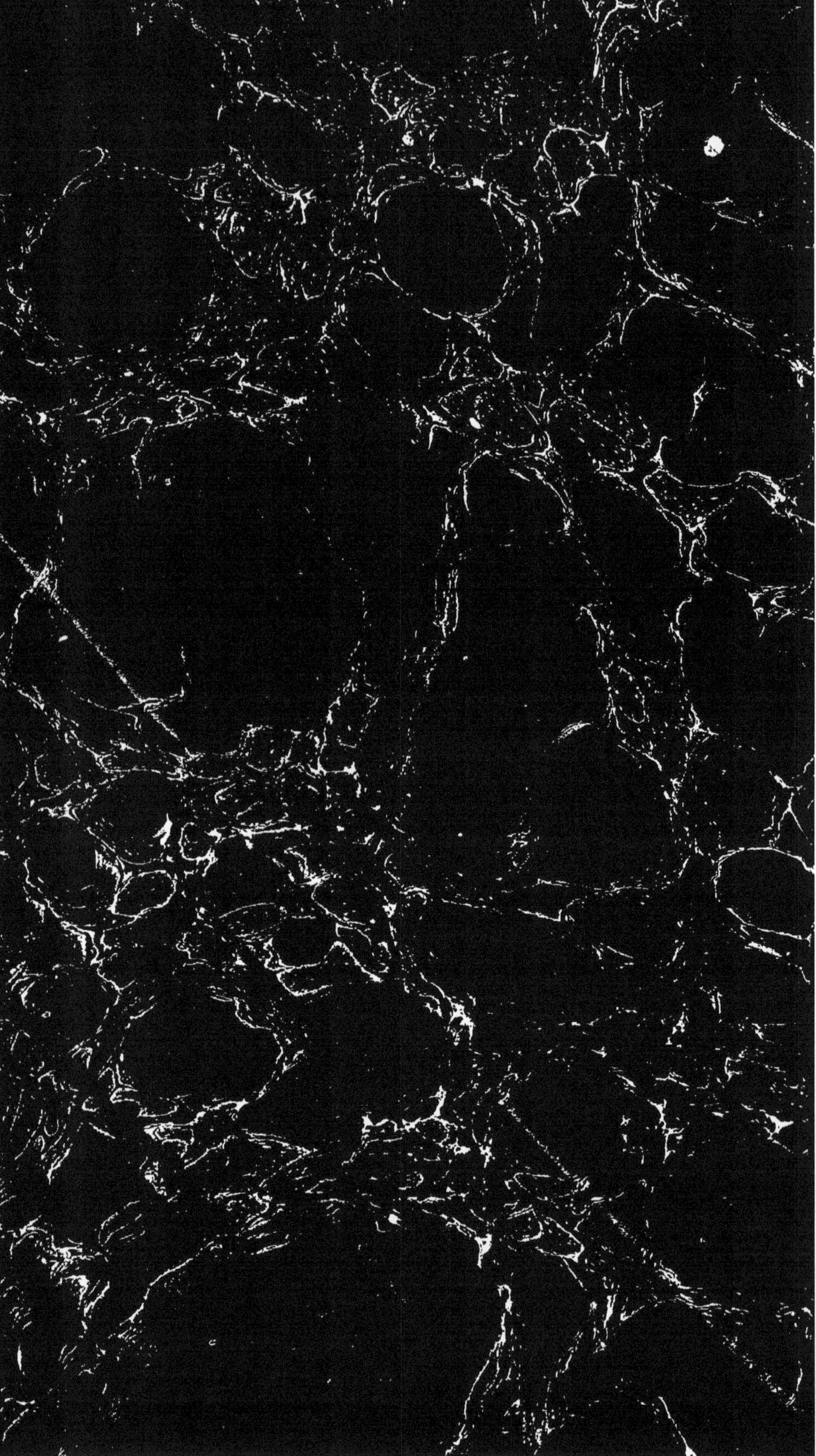

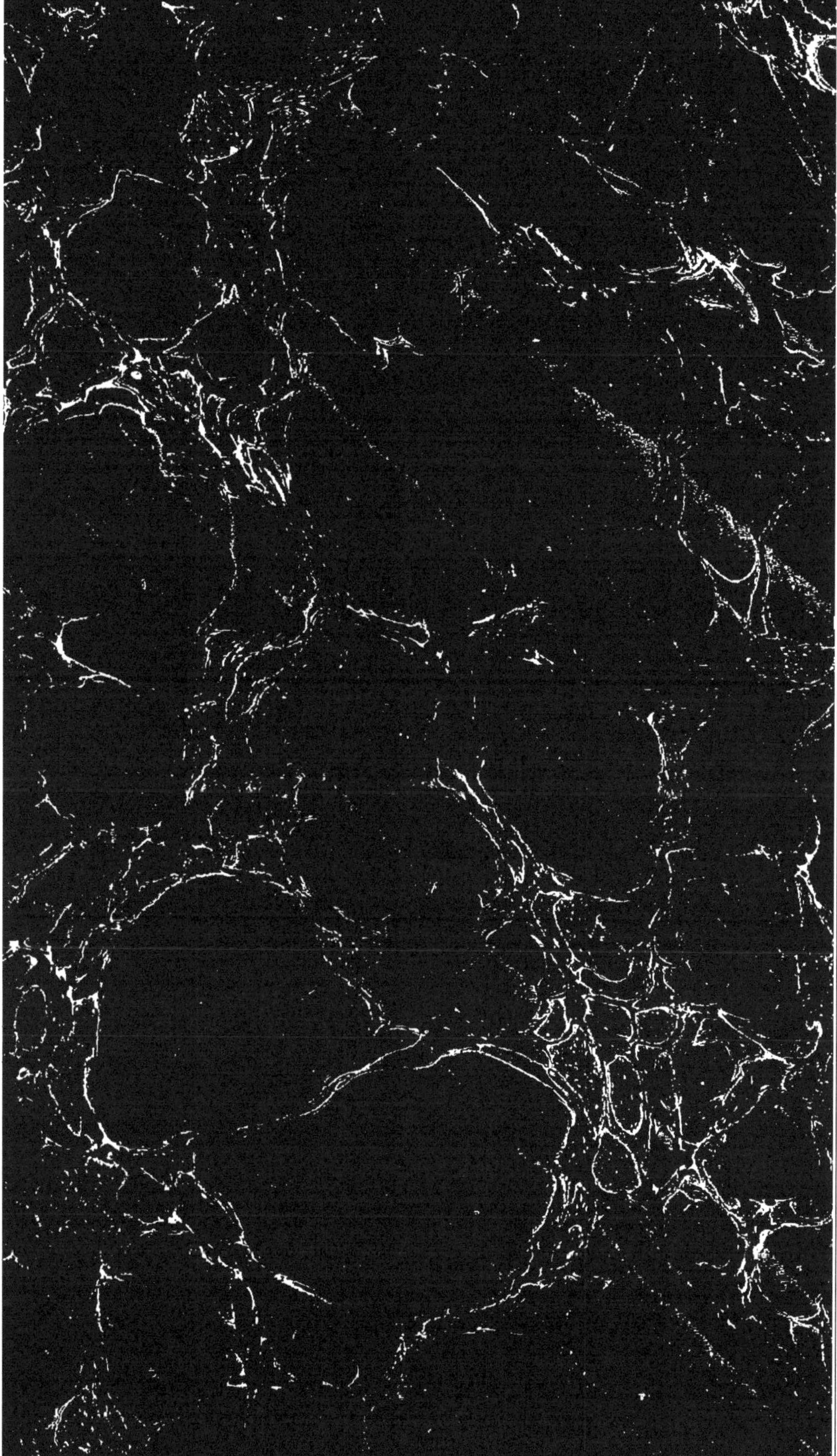

DES GUÉRISONS

OPÉRÉES

PAR Mme DE SAINT-AMOUR.

DES
GUÉRISONS
OPÉRÉES
PAR
MME DE SAINT-AMOUR;
PAR M.r ED. RICHER.

Sin melius quid habes, arcesse, vel imperium fer.
HORAT. *Ep*. V, *Lib*. I.

NANTES,
FOREST, IMPRIMEUR-LIBRAIRE,
QUAI DE LA FOSSE, N^O 2.

1828.

ERRATA.

Page 24 *ligne* 2 *au lieu de* architype, *lisez :* archétype.
″ 13 ″ 13 ″ et de suivre ″ et à suivre.
″ 28 *dernière lig.* ″ Aegger ″ O'Egger.
″ 64 *dernière ligne* ″ qu'ils n'ont pas ″ qu'il n'aient pas.

DES GUÉRISONS

OPÉRÉES

PAR Mme DE SAINT-AMOUR.

NANTES vient d'être témoin d'un événement remarquable, mais fort diversement jugé. Des malades de tout âge, de tout sexe, viennent de recouvrer leur guérison par un moyen inusité jusqu'à présent, la Prière. Les cures auraient dû avoir pour témoins des physiologistes éclairés, des métaphysiciens attentifs, des théologiens tolérans ; elles se sont opérées en présence d'une foule excitée par la malveillance de quelques médecins trop jaloux de leur art, par la mauvaise foi de gens frivoles et moqueurs, enfin par l'ignorance de plusieurs personnes qui ont craint de voir compromettre une foi religieuse trop exclusive. Les faits constatés et recueillis tiennent, par leur explication, à une théorie élevée que peu d'observateurs sont capables de comprendre et de suivre dans toute son étendue; par leurs effets, au contraire, ils étaient de nature à avoir pour juges tous les spectateurs de quelque condition et de quelque classe que ce soit.

Indépendamment de toute coterie, quand les choses de haute science tombent ainsi dans le domaine de la conversation populaire, du commérage en un mot, le discrédit les attend infailliblement. L'homme du peuple se recuse pour telle ou telle connaissance qui exige du tems et de l'étude, mais il se croit très-capable d'apprécier et de comprendre telle autre pour laquelle il lui semble qu'il n'y ait besoin que de ses yeux et de son bon-sens. Il s'agit donc de revenir sur le jugement précipité, porté par une foule qui dans cette circonstance n'était pas compétente ; il s'agit de replacer la question sous son vrai jour, de restituer à la science, à l'examen attentif ce qui n'a été interprété que par l'ignorance et la frivolité. Il s'agit enfin de substituer le témoignage de la conscience impartiale, aux dénégations de l'esprit de systême, et les raisonnemens de la bonne foi, aux décisions tranchantes de la moquerie.

Le 8 septembre 1828, on apprend à Nantes qu'une femme arrivée de Paris récemment, a guéri des malades par la Prière. A cette nouvelle toute la population est en mouvement. Les uns se croient revenus aux tems des apôtres, les autres s'imaginent voir se réaliser ces prodiges qui tiennent plus à un art inconnu qu'à la religion, et que le peuple est toujours prêt à supposer chez celui qui le soulage de ses maux. Les malades guéris excitent l'enthousiasme de ceux qui attendent leur tour à venir. Un paralytique qui laisse ses deux béquilles chez Mme de Saint-Amour, va se prosterner au pied de la Croix de Saint-Similien, et s'écrie avec toute l'effusion de la reconnaissance: Elle guérit tout! Un enfant soutenu ou plutôt porté par sa bonne, s'en retourne seul à la maison escorté d'une foule qui admire un tel prodige.

Les voyageurs s'arrêtent dans la rue qu'habite Mme de Saint-Amour, on s'interroge mutuellement, les attroupemens se grossissent, cette rue n'est plus assez large pour laisser un libre passage aux voitures. Le malade arrivé dès six heures du matin, attend inutilement son tour jusqu'à la nuit, plusieurs couchent sur le seuil de la porte. Quelques-uns, désespérant d'approcher de Mme de Saint-Amour qu'ils qualifient de

Sainte, restent cloués sur son passage pour avoir le bonheur d'être touchés par elle. Ils répètent que le froissement seul de sa robe les guérira. Dans sa bonne foi naïve le peuple va jusqu'à dire que c'est la Sainte Vierge déguisée.

Pendant trois jours l'enthousiasme va croissant. De tous les côtés arrivent des malades émerveillés des récits qu'on leur a faits. Il en vient de Tours, de Saumur, de Rochefort, un assez grand nombre d'Angers, de Rennes et autres villes voisines. Maine-et-Loire, la Vendée, le Morbihan sont déjà informés de cette nouvelle et envoient de nombreuses députations, il n'y a pas, pour ainsi dire, un bourg du département de la Loire-Inférieure qui n'expédie quelque infirme au chef-lieu. Pour échapper à la multitude qui envahit ses appartemens, Mme de Saint-Amour accepte les invitations qui lui sont faites dans d'autres quartiers de la ville; mais là, comme chez elle, la foule abonde. Partout se pressent sur son passage des malades, des curieux, des gens qui implorent d'elle la faveur d'une audience.

Chez elle, ne pouvant congédier la foule qui s'obstinait à passer la nuit dans l'attente, on l'avait vue de sa fenêtre étendre les mains sur les malades agenouillés et appeler sur eux la bénédiction du ciel; dans sa route, ne pouvant toucher également tous ceux qui se présentent, de la portière de sa voiture elle opère ses cures, tandis qu'elle est entraînée rapidement. Les portes, les rues qui avoisinent la maison qu'elle choisit sont assiégées. Quatre factionnaires à chaque porte ne peuvent contenir le peuple. Pendant un moment tous les fiacres sont mis à contribution. Dans toute la ville on ne s'entretient que de Mme de Saint-Amour. Un grand nombre d'artisans suspendent leurs travaux. Il n'y a pas un cercle où l'on parle d'autre chose. A la Bourse, à l'Académie, dans les salons, comme dans les cabarets, tout le monde s'occupe de ces guérisons, dont jusqu'alors on n'avait vu le récit que dans les livres.

A un si grand triomphe succède bientôt une défaveur qui dégénère en une sorte de persécution. Le peuple est aussi irréfléchi dans son admiration qu'il est injuste dans son dénigrement. On répète que les malades qu'a touchés Mme de Saint-Amour sont tous retombés dans leur premier état ou dans un état pire. L'esprit du peuple se monte, comme si les cures qu'il attendait ne répondaient pas à l'idée exagérée qu'il s'en était faite. On se rappelle ces badauds qui sifflaient une éclipse de soleil parce que le phénomène ne s'était pas passé comme ils l'auraient voulu.

Les guérisons dont il était question ici tenaient à un certain ordre ; et sans aucune idée de cet ordre, le peuple de Nantes montrait une égale injustice dans sa critique. Un des journaux de cette ville écrivit que le public avait été dupe d'une véritable mystification, comme si une faible femme pouvait avoir la pensée de mystifier toute une population, et cela au nom de Jésus-Christ qu'elle invoquait avec larmes, au nom de toutes les vertus qu'elle ne cessait de recommander! L'absurdité d'une telle accusation était évidente, une autre circonstance la rendait impossible. Madame de Saint-Amour accordait ses soins aux malades sans rien exiger d'eux; elle ne vendait ni ses prières, ni ses exhortations, et une œuvre gratuite, inspirée par l'amour désintéressé du bien, n'est jamais ni une mystification ni un charlatanisme.

La même feuille affirma que Mme de Saint-Amour, à laquelle dès-lors on donnait publiquement le nom de sorcière, était la fille d'un modeste horloger de cette ville; et voilà les cures niées parce qu'on les croit opérées par l'une de nos compatriotes! Il y avait dans cet article du journal plusieurs inconvenances; on ne les remarqua pas, et l'article fit fortune. D'abord ce surnom de sorcière était une preuve de mauvaise foi. L'auteur de l'article ne croyait pas sans doute aux sorciers, et appliquer ce nom ridicule à une femme, c'était manquer à la politesse. L'accuser de changer son nom et de donner le change sur sa famille et sa naissance, supposait qu'on s'était donné la peine de s'en assurer; on ne l'avait pas fait, et la légèreté de l'écrivain était coupable. En troisième lieu enfin, il n'appartient à personne de décréditer les hommes sous prétexte qu'ils sont d'une condition modeste; ce droit qu'usurpe l'orgueil impertinent d'une classe qui se dit supérieure aux autres, ne devait pas être exercé par un journal qui porte pour titre *l'Ami de la Charte*, et qui prend l'obligation, par ce titre même, de respecter toutes les classes.

Ces critiques et mille autres inepties plus fortes encore, devinrent le sujet de chansons, de cantiques, de complaintes sans goût, sans art et sans esprit, qui servirent, pendant plusieurs jours d'alimens à la populace ignorante. Les mauvais plaisans qui se trouvent partout où il n'y a plus à juger, augmentèrent le nombre des incrédules par leurs railleries. On rougissait presque de défendre une personne qui avait attiré sur elle le ridicule. On savait qu'on passerait pour un esprit-fort en niant tout, et pour un homme superstitieux en adoptant des miracles, que tant de cerveaux ne pouvaient concevoir.

Parmi les gens instruits, les uns pour avoir plutôt fait nièrent complétement, les autres ayant au moins le bon esprit de ne pas croire à la sorcellerie se rejetèrent sur des bannalités : ils attribuèrent ce qui leur fut rapporté à la puissance de l'imagination ou à l'action du magnétisme. Je dis ce qui leur fut rapporté, car de tous les adversaires que compte Mme de Saint-Amour dans la classe instruite, chose remarquable, il n'y eut pas un témoin. On aurait dit que la défiance de soi-même avait frappé les meilleurs esprits, qu'ils n'osaient voir de peur de ne pouvoir s'expliquer ce qu'ils auraient vu et de se trouver dans la nécessité de l'expliquer franchement et clairement aux autres. J'ai entendu des gens, très-estimables d'ailleurs, se faire des opinions de toute espèce sur des effets que non-seulement ils n'avaient pas vus, mais même qu'ils refusaient de voir. On peut faire la guerre aux idées sans qu'il en résulte de grands reproches pour l'agresseur, mais se liguer contre les faits, c'est une tactique vraiment inconcevable.

Ce n'était pas assez de nier les faits et de torturer les explications scientifiques; un zèle mal entendu s'empara bientôt des superstitieux et des faibles. On répandit le bruit que Mme de Saint-Amour cherchait à éloigner ses malades des pratiques du culte. J'en appelle ici à tous ceux qui ont approché d'elle. Ils n'ont jamais entendu autre chose que ces paroles: « Croyez-vous en Dieu? Pensez-vous » que le Dieu qui a créé le ciel et la terre ait la » puissance de vous guérir? Avez-vous con» fiance en lui? » Jamais elle ne s'est permis de dire: « Croyez en moi. Quittez vos opi» nions ». Elle n'a jamais demandé à ses malades de quelle religion ils étaient. Elle les a tous laissés libres de faire dire des messes, de promettre des neuvaines. Plusieurs fois je lui ai entendu dire combien elle aimerait qu'un Juif, un Turc se présentâssent devant elle. Je ne craindrais pas, ajoutait-elle, d'invoquer en leur faveur la puissance de ce Dieu qui a fait lever son soleil sur les méchans aussi bien que sur les bons, qui fait pleuvoir sur les champs des hommes injustes aussi bien que sur ceux des justes. La religion que professe Mme de Saint-Amour inspira des défiances qui ne tardèrent pas à devenir des calomnies. On écrivit d'elle à Noirmoutier que le bruit public à Nantes l'accusait de ne croire ni à Jésus-Christ, ni à l'Evangile, et il se trouva des personnes qui ajoutèrent foi à ces extravagances.

On rapporta qu'une assemblée d'ecclésiastiques, convoquée chez Mgr l'Evêque de Nantes, avait délibéré sur cet important événement. On dut demander au curé de Saint-Similien, dans la paroisse duquel était descendue Mme de Saint-Amour, s'il avait donné à cette dame le pouvoir de faire des miracles, et, sur sa réponse négative, on rédigea une espèce de protestation dans laquelle il fut décidé que les guérisons opérées sous les yeux de tant de spectateurs, n'avaient pu l'être au nom de Notre-Seigneur Jésus-Christ. On aurait bien pu demander au clergé quel était l'agent qu'employait Madame de Saint-

Amour : il aurait répondu sans doute que cela ne le regardait pas, que c'était du ressort des académies ou de la médecine. Malgré ces décisions, quelque respectables qu'elles soient d'ailleurs, les affaires humaines n'en vont pas moins leur train. Les moines de S.-Etienne, sur la foi des Pseaumes, avaient dit à Colomb que le Nouveau Monde n'existait pas, et peu de tems après l'Amérique fut découverte. L'inquisition avait forcé Galilée de se rétracter, et le *pur si move* du vieillard de Florence reçut depuis des confirmations que l'église, suivant la marche forcée du siécle, a elle-même consacrées. Enfin l'émétique, l'inoculation, la vaccine, l'enseignement mutuel ont cent fois donné des démentis formels aux proscriptions, dont ils avaient été l'objet.

Les répugnances de certains ecclésiastiques ont pu aussi n'être pas très-réfléchies. Un d'eux disait à un malade que si Dieu accordait à quelqu'un le pouvoir d'opérer de tels miracles, ce devrait être à un homme de son Ordre plutôt qu'à une simple femme. L'histoire répondrait fort bien à cela. Mais Saint Paul, dont l'autorité n'est pas suspecte, après avoir désigné les dons qui sont de l'apanage du sacerdoce, indique ceux qui peuvent appartenir aux autres hommes, et le don de guérir les maladies est parmi ceux-là. (Voyez la Ire Epitre aux Corinthiens, Chap. XII, Versets 28 — 31.)

Les savans, les ecclésiastiques ligués contre une femme, cette femme désavouée, des libéraux qui ne la comprenaient pas, des royalistes qui s'en effrayaient, c'en était plus qu'il ne fallait pour agiter les esprits. J. J. Rousseau conseillait à son élève d'oser confesser Dieu chez les philosophes, de prêcher l'humanité aux intolérans. Ce milieu entre deux extrêmes, qui paraissait à ce grand écrivain la place naturelle du juste, est celle où les circonstances portaient Mme de Saint-Amour à son insçu. Je l'ai vue dans ces momens où le peuple monté contre elle mêlait des murmures injurieux à des plaisanteries indécentes, toujours calme, toujours gaie; rien n'altérait la paix de son âme. Elle a demandé les chansons qui la ridiculisaient, et les aurait volontiers chantées pour s'égayer. De la fenêtre de Mr de Tollenaré, elle a entendu les sifflets du peuple qui se pressait autour de la voiture amenée pour la reconduire, et ses amis étaient plus peinés qu'elle de cette indécente comédie.

Dans l'histoire de cette persécution, la tâche de l'écrivain est très-aisée à remplir. Il n'y a en effet que des erreurs à relever. Parmi les assertions ridicules répandues par la malveillance, je citerai celle-ci. Si Mme de Saint-Amour, disait-on, a le pouvoir qu'elle s'attribue, que ne se transporte-t-elle dans les Salles de l'Hôtel-Dieu? Et précisément depuis son arrivée Mme de Saint-Amour n'a cessé de demander cette permission. Il ne m'appartient d'accuser personne, mais je puis affirmer un fait dont j'ai l'entière certitude. Un malade d'un de nos Hospices montait en voiture pour aller se faire guérir comme tout le monde; un ordre formel s'oppose à sa sortie. Mme de Saint-Amour demandait un local public où elle se serait transportée tous les jours pour guérir les pauvres; les Salles de la Mairie sont ouvertes à des Musiciens, à des Littérateurs, à des Savans; elles ont été fermées à une femme qui ne cherchait qu'à y exercer la bienfaisance. l'Administration municipale ne crut pas devoir la protéger ouvertement; mais il est de la justice de dire qu'elle eut le mérite de ne pas exécuter non plus les mesures de rigueur que l'on avait provoquées contre elle. Partout les personnes qui avaient montré le plus d'empressement à voir Mme de Saint-Amour craignant alors le blâme ou le ridicule, niaient leur enthousiasme passé, se défendaient même du sentiment qu'elle leur avait inspiré, comme d'un crime. Une dame de charité de Saint-Clément, qui lui avait prodigué les plus vives caresses, répéta ensuite avec assez peu de ménagemens que c'était une sorcière. Elle aurait dû se souvenir que la bienfaisance n'est jamais inspirée par le démon, et qu'on avait dit de Jésus-Christ lui-même qu'il était possédé par Béelzébuth.

De nombreuses lettres d'invitation dans les maisons les plus respectables étaient suivies promptement d'autant de lettres d'excuses, où le prétexte supposé d'un voyage à la campagne servait à cacher de lâches désertions. Des béquilles restées dans la chambre de Mme de Saint-Amour, étaient redemandées, et elle rendait ce qu'elle appelait ses joujoux à des infirmes qui n'en avaient pas eu besoin d'abord, mais que l'on portait à les réclamer, disait-on, par précaution. Les artisans eux-mêmes faisaient les esprits-forts, et rejetaient leur crédulité sur l'amour maternel, ou sur tout autre sentiment qui leur avait fait implorer pour d'autres ce qu'ils auraient rougi de demander pour eux-mêmes.

Tel qui tremble en voyant une salière renversée ou en comptant treize convives à table, niait alors avec assurance l'impossibilité d'une action dont ses faibles lumières ne pouvaient lui faire apercevoir la cause. Cette mission toute désintéressée se fit remarquer par des défections assez plaisantes. Un des plus ardens prôneurs de Mme de Saint-Amour, qui dans les premiers jours s'était cru fort honoré de lui servir de cavalier, parce que son amour-propre y trouvait son compte, se retira d'elle ensuite, en disant à son voisin qu'il ne pouvait se décider à faire le sacrifice de sa raison. — Le sacrifice serait bien faible, répond celui-ci, qui resta du petit nombre de ceux que la foule n'a pu entraîner. Une chanson fit justice de ce déserteur.

Les grands de ce monde se présentent avec un cortège brillant, tout le monde les entoure, les fête; mais qu'en retire-t-on fort souvent? Des motifs de s'énorgueillir d'un coup d'œil, des complimens fades, des honneurs enviés et peu durables. Mme de Saint-Amour a presque commencé de la même manière; elle a été soudain abandonnée parce qu'elle exigeait l'humilité, la patience, et ces combats intérieurs qui sont des vertus. Elle a éprouvé la même chose que tous ceux qui ont couru la même carrière; les apôtres, les martyrs, n'ont-ils pas expié leur charité au milieu des tourmens? Dans notre siècle indifférent on ne met plus en croix, on n'étend plus sur des chevalets, on ne brûle plus personne, mais on rit de ce rire qui déjoue d'un mot une vie entière de bienfaisance, on siffle ce qu'on ne veut pas entendre, on tue enfin par des chansons ce qu'on ne peut anéantir par la force. Mme de Saint-Amour nous récitait dans ces momens des versets du chapitre X de l'Évangile de Saint Matthieu qui trouvaient dans cette circonstance une application directe: « Donnez-vous de garde des hommes, car ils vous » feront comparaître dans leurs assemblées et » ils vous feront fouetter dans leurs Synagogues; et vous serez présentés à cause de » moi aux Gouverneurs et aux Rois pour leur » servir de témoignage aussi bien qu'aux nations, et vous serez haï de tous les hommes » à cause de mon nom. Mais celui-là sera » sauvé qui persévérera jusqu'à la fin ».

Après tant d'accusations sans fondement, de

déclamations vagues, le témoignage de quelqu'un qui n'a pas quitté Mme de Saint-Amour depuis ses premières cures, et qui a eu avec elle des relations journalières, est peut-être nécessaire. C'est en cette qualité que je prends la plume. Je connaissais Mme de Saint-Amour avant son arrivée à Nantes, par la correspondance qu'elle entretenait avec une personne de cette ville, et parce que depuis plusieurs années j'avais étudié la doctrine religieuse qu'elle professe. Je savais ce qu'elle se proposait de faire ici, et cependant, soit doute, soit indifférence, je ne me pressais pas de lui rendre visite. Un seul mur séparait ma maison de celle où elle était descendue d'abord, mais qu'elle ne tarda pas de quitter. Elle y était depuis le 2 Septembre, et ce ne fut que le 5 au soir que je m'y rendis, accompagné de Mr de Tollenare, qui avait connu cette dame à Paris, chez Mr J. Jacques Bernard, notre compatriote et notre ami commun. Mr de Tollenare pensait, comme moi, que les guérisons, par la prière, offraient une sorte de phénomène moral qui, soit sous le rapport religieux, soit sous le rapport scientifique, n'était pas indigne d'attirer notre attention. Disposés à l'examen, nous allions, pour constater les faits, en discuter les causes.

Si c'était un pur charlatanisme, nous étions résolus à le déclarer en conscience, pour avertir du danger ceux qui auraient été plus crédules. Si, au contraire, c'était la vérité, nous allions pour lui rendre témoignage, pour lui prêter l'appui de nos faibles lumières. C'est une grande jouissance que celle d'appuyer la vérité de toute la conviction de sa conscience, de la répandre, si on est disposé à l'accueillir, de la publier hautement si elle est méconnue et outragée! nous aurions pu, comme tant d'autres, lever les épaules et faire un demi-tour sur le talon; mais si on avait toujours procédé de cette manière, je ne sais pas si le genre humain se serait jamais éclairé. Plus la matière qu'on veut traiter est délicate, plus il y a de courage à l'aborder avec franchise. La bonne foi exige qu'on voie, qu'on étudie avant de prononcer, et cette condition qu'on ne remplit pas toujours en morale, est de rigueur en fait de science. Les médecins Allemands ont nommé une commission pour assister aux cures célèbres du Prince de Hohenlohë; les magnétiseurs de Paris se sont empressés d'interroger Mme de Saint-Amour; nous pensions qu'on en aurait agi de la même manière à Nantes, et tout en nous récusant comme savans, nous pensions que nous pouvions être là à notre place, tout comme d'autres, en qualité d'observateurs.

La curiosité, le désir de m'instruire m'avaient conduit chez Mme de Saint-Amour; j'en sortis avec un étonnement qui n'était pas néanmoins de la conviction. On me parla bien de deux ou trois cures, mais je n'avais rien vu, et je suis du nombre de ceux qui veulent que la logique des sens se joigne à celle de la raison. Quel que soit aussi le degré de confiance que nous inspire la conversation d'un étranger, notre attention n'est pas encore en repos si notre curiosité n'est satisfaite. Nous voulons savoir ce qu'il est, d'où il vient, quelles sont ses liaisons, ses études antérieures; ces détails sont nécessaires à notre imagination inquiète. Nous savons bien que la morale d'Epictète dans un cachot est aussi pure que celle de Marc-Aurèle sur le trône, mais nous avons tous le faible d'associer les circonstances extérieures de la vie aux sentimens moraux de l'homme. Nous voulons connaître la source de ces sentimens et nous assurer s'ils sont d'accord avec la pratique. Voilà ce qui résulta des informations que je pris pendant les premiers jours sur Mme de Saint-Amour.

Anne, Françoise, Jeanne, Elisabeth de

Fremery, née à la Haie, le 11 Novembre 1786, d'un avocat du Roi en Hollande, perdit son père dès l'âge de six mois. Sa mère se remaria en secondes noces avec le Baron de Plunkett, colonel des Gardes de la Porte, mort à Paris en 1815. Mlle de Fremery accompagna son beau-père dans l'émigration; elle l'a suivi à l'Armée de Condé, a habité avec lui Coblentz où se tenait la Cour, et a accompagné les Princes en Angleterre. En 1809 elle fut mariée à Mr Renaud de Saint-Amour aujourd'hui Major du 18me régiment de chasseurs à cheval en garnison à Schelestat, département du Bas-Rhin. Plusieurs personnes de Nantes ont parfaitement connu Mr de Saint-Amour. Cet officier supérieur a commandé l'île d'Aix sous les ordres du général Despinois, et le château d'Angers sous ceux du général Matis. La famille de Mme de Saint-Amour jouit d'une grande considération en Hollande. Son oncle, le général Dury, a commandé pendant vingt ans la ville de la Haie, tant sous le Stathoudérat que sous le régne de Louis Bonaparte. Son cousin, Mr Van-Mann, est aujourd'hui ministre de la justice dans le royaume des Pays-Bas.

Le 1er Octobre 1826 Mme de Saint-Amour

quitta la ville d'Arras, où son mari était en garnison, pour venir à Paris surveiller l'éducation de son fils. Mr J. J. Bernard, que j'ai cité plus haut, se trouvait alors dans la capitale avec son régiment. Il avait eu occasion, dès l'année 1821, de voir Mr de Saint-Amour à Bayonne. Cet officier lui procura la connaissance de sa femme, en le chargeant d'une lettre pour elle. Prevenu alors de l'arrivée de cette dame, Mr Bernard s'empressa de lui rendre visite. On a beaucoup parlé à Nantes des opinions religieuses de Mr Bernard; on les a jugées, comme tant d'autres choses, avec trop de précipitation. Ces opinions, qui ont décidé en quelque sorte de la vocation de Mme de Saint-Amour, demandent à être exposées franchement.

Comme tous les jeunes gens de notre époque, Mr Bernard avait oublié, dans le tumulte du monde et dans la licence de la vie militaire, les principes religieux du culte de ses pères. Le matérialisme irréfléchi de la plupart des jeunes gens de ce tems-là était son opinion. Les phénomènes si étranges du magnétisme animal le ramenèrent au spiritualisme. Il ne put se persuader que les modes de perception que développe le somnambulisme fussent du domaine de la physique proprement dite.

Il n'y a ni fluide, ni agent matériel quelconque qui puisse expliquer les phénomènes de la *seconde vue*. Cette action de l'âme hors du tems et de l'espace lui fit croire à un principe différent de la matière, et le spiritualisme, auquel il revint d'abord, le conduisit promptement au déisme, et de là, par une pente naturelle, au christianisme.

La charte permet tous les cultes, la raison les avoue tous, parce que, sans doute, Dieu les considère tous comme des moyens divers d'arriver à lui; celui qu'adopta Mr Bernard est donc aussi raisonnable que tel autre que ce soit, et ne mérite aucunement les sarcasmes dont il fut accueilli dans cette ville. Si on connaît l'arbre par le fruit, aucune religion, sans doute, n'en produit de plus incontestables que celle-là. Mr Bernard ne s'est fait connaître que par des œuvres de bienfaisance. Il emporta avec lui les regrets, l'estime profonde de tout son régiment. Un de ses amis, Mr de l'Aubépin, me disait que le respect qu'on avait pour lui était tel que s'il entrait dans une chambre où se tenaient des discours qui auraient pu offenser ses principes, on changeait aussitôt la conversation Après s'être long-tems occupé de la lecture de Jacob

Bëhm, de Saint-Martin et des autres Théosophes, Mr Bernard avait fini par adopter invariablement comme religion la *Nouvelle Jérusalem* annoncée par Saint-Jean dans l'apocalypse et expliquée par le Suédois Swedenborg. Il professait ce nouveau culte, quand Mme de Saint-Amour le vit à Paris en 1826.

L'*Ami de la Charte* de Nantes, qui a cité Mr Bernard et sa religion de Swedenborg, a dit de cette doctrine qu'elle était tombée dans l'oubli et le mépris. Cette assertion est inexacte, et la religion de Mr Bernard et de Mme de Saint-Amour entrant dans l'explication des effets contestés, il est nécessaire d'y arrêter un moment l'attention du lecteur.

Comme philosophie, la doctrine de Swedenborg a toujours joui dans le nord d'une très-grande estime. Basée sur la morale la plus pure, sur la science la plus rigoureuse, ceux qui l'ont considérée simplement comme système ont rendu justice à l'élévation des principes de son auteur, à la fécondité de son imagination. En Allemagne même, plusieurs ne font pas difficulté de le placer parmi les poëtes, plus encore que parmi les théologiens.

Swedenborg était un homme d'une vie honorable, un savant très-recommandable, et très-versé dans les sciences exactes. Il connaissait plusieurs langues anciennes et modernes. Il n'a cité la Bible qu'il a expliquée, que dans les textes originaux. Sa doctrine joue maintenant un grand rôle, depuis les découvertes de la Société Asiatique de Calcuta et les savantes investigations des Orientalistes de l'Allemagne. Bailly avait signalé l'existence d'un peuple antédiluvien, possesseur éclairé des Sciences et des Arts, dont les Egyptiens et les Grecs n'ont recueilli que des débris. C'est dans l'Inde que nos savans ont cru retrouver ce peuple. Il se trouve indiqué dans les écrits de Swedenborg, qui annonce une très-ancienne Eglise antérieure à tous les tems historiques.

Ainsi, cette doctrine religieuse marche de pair avec les recherches les plus hardies de la science, et elle fournit à l'Europe éclairée des renseignemens on ne peut plus précieux sur les cosmogonies et théogonies antiques. Platon, chez les Grecs, a parlé le premier d'un monde Architype, modèle de celui-ci. Plusieurs érudits ont pensé que l'idée de ce monde était une importation étrangère, que c'était une tradition orientale retrouvée en Grèce. Swedenborg donne les plans de ce monde type, et la philosophie antique de l'Asie se retrouve ainsi dans ses écrits à coté des riantes et majestueuses conceptions de Platon. La science qui conduit dans le dédale de cette érudition est appelée la *Science des correspondances*, et c'est avec elle seulement qu'on pourra détruire le système de Dupuis, qui a tant démoralisé en France la classe instruite, et que les ecclésiastiques les plus savans, tant catholiques que protestans, n'ont pu combattre avec avantage.

Comme religion, la doctrine de Swedenborg est déjà répandue en Suède, en Prusse, dans les Pays-Bas, en Suisse. La société exégétique de Stockholm est tout entière formée des disciples de cette nouvelle Eglise. En Angleterre, 44 villes comptent déjà des temples. Il y en avait 72 aux Etats-Unis en 1827. Des journaux savans, en assez grand nombre, propagent cette doctrine, tant en Europe qu'au Nouveau-Monde. Des écrits très-remarquables la développent. On cite principalement à Londres ceux de Hindmarsh, et plus récemment ceux de Mr Noble. Un professeur de langues orientales à l'université d'Upsal y consacre en ce moment de longues et laborieuses recherches.

Il existe à Londres des sociétés de Swedenborgistes qui envoient de toutes parts des missionnaires de leur religion; des maisons d'éducation y sont dirigées par eux. Tout annonce qu'avant peu d'années cette nouvelle Eglise sera très-répandue. J'ai en ma possession plusieurs cahiers d'un recueil scientifique consacré à sa propagation. Ce recueil qui a pour titre : *intellectual repository for the new church* et qui s'imprime à Londres tous les trois mois, est rédigé par les savans et les littérateurs les plus distingués de la capitale de l'Angleterre. Les sciences physiques y sont traitées avec une grande hauteur de vues ; des philologues éclairés y mettent à contribution toutes les langues anciennes et même des langues orientales à peine connues en France. Ce n'est pas simplement comme savans que les Swedenborgistes prennent consistance dans le monde, c'est encore par leur fortune. Le désir de pénétrer dans l'intérieur de l'Afrique, où Swedenborg leur annonce l'existence de chrétiens de la nouvelle Eglise, les a portés à contribuer plus que personne à ces sociétés africaines établies dans le but d'abolir la traite des nègres. Le célèbre Sparrmann a voyagé sur leurs indications. Leur crédit enfin a été tel qu'ils ont engagé le gouvernement Britannique à fonder la dispendieuse colonie de Sierra-Leone.

Telle est la doctrine qu'on nous représente comme tombée dans le mépris et l'oubli. Pour être oublié, il faut être connu auparavant, et ce n'est que depuis fort peu de tems que les ouvrages volumineux de Swedenborg sont traduits dans nos langues modernes et trouvent des lecteurs en France; la traduction de Moët de Versailles a été aussitôt interrompue que commencée. Personne n'y parle de Swedenborg avec connaissance de cause. La biographie universelle de Michaud puise les renseignemens qu'elle donne dans une encyclopédie allemande, très-fautive, publiée à Leipsic en 1822. Cette encyclopédie s'est étayée elle-même d'un numéro inexact du *New Jerusalem magazine* de 1790.

Le parti de l'opposition à Nantes s'est étrangement trompé. Il insulte la doctrine de Swedenborg, et le seul reproche fait ailleurs à cette doctrine, c'est d'être essentiellement libérale. Un chansonnier a bien dit que Mme de Saint-Amour était du parti des *Jésuites*, il n'est pas étonnant qu'on prenne Swedenborg pour un des Frères de Mont-Rouge. Les principes du *Contrat social*, ce qu'il y a de meilleur dans *les Droits de l'homme*, les concessions de *la Charte* dans ce que celle-ci a de plus favorable à la liberté publique, tout cela est consigné d'une manière non équivoque dans les écrits de Swedenborg. Ses disciples surveillent ce grand mouvement politique qui agite aujourd'hui les deux mondes, pour le faire tourner au profit d'une religion dont le caractère est d'être universelle. C'est, disent-ils, le culte du libéralisme bien entendu; c'est la croyance naturelle de tous les hommes qui pensent, et la seule qui, n'ayant rien à craindre des investigations des sciences, est destinée à marcher de front avec elles et de suivre les progrès des lumières. Ils la croient enfin destinée à régner sur les deux mondes affranchis du double joug de l'autocratie civile et ecclésiastique.

Quoi qu'il en soit, la doctrine de Swedenborg parut aux yeux de M. Bernard la plus convenable à l'état présent des lumières: c'était à ses yeux la religion du 19e siécle. Dans toutes les villes où il a séjourné, à Nantes, à Bayonne, à Tarbes, à Blois, à Besançon, il a formé des disciples. En Espagne même, plusieurs membres distingués du clergé se sont rendus à ses exhortations. On se souvient de l'abjuration de catholicisme qu'a faite récemment M. AEgger. Professeur distingué de philosophie et l'un des grands-vicaires de Notre-Dame à Paris, M. AEgger est un de ceux qui se sont rendus à l'éloquence de M. Bernard; il compte aujourd'hui parmi les membres les plus zélés de la nouvelle Eglise. Tout se travestit aux yeux du peuple. On accuse ici M. Bernard d'une foule de pratiques extravagantes que je ne chercherai pas à relever. Critiquer les absurdités, c'est ennuyer son lecteur sans profit.

Mme de Saint-Amour ne pouvait trouver personne plus capable de lui faire connaître Swedenborg. M. Bernard lui fit partager sa conviction profonde. La lecture de l'Evangile développa en elle une nouvelle vie. Tout changea à ses yeux. La prière fut tout à la fois pour elle un besoin et une habitude. Les lettres spirituelles de Fénélon devinrent sa lecture favorite. Le 23 février 1828 elle perdit M. Bernard. Ce coup lui fut plus sensible qu'à qui que ce soit. Elle lui devait tout ce qu'elle avait de plus cher au monde, puisqu'elle lui devait une religion sincère, et profondément gravée dans son cœur. Sa piété redoubla pour ainsi dire dans l'isolement.

Toute sa vie elle n'avait eu qu'un plaisir ou plutôt qu'une passion celle de soigner et de consoler les malades. Tout-à-coup, elle lit dans l'Evangile que Dieu accorda à ses disciples le don de guérison, que tout ce que nous demanderons avec foi, avec instance nous l'obtiendrons. Elle implore alors avec ardeur ce don précieux qui la rendra si utile à ses semblables. Rien n'est accordé à ses instances. Elle s'imagine aussitôt qu'elle n'a pas fait une abnégation assez complette d'elle-même, elle se reproche le plaisir de sa charité, elle croit que dans ses prières il y a encore de l'amour de soi caché sous l'amour du prochain, alors elle se résigne à la volonté de Dieu : elle se résout à n'être rien, et dès ce moment, plus humble et plus soumise encore, elle reprend un nouvel être.

De jour en jour un feu nouveau la ranime; enfin, le 14 mai, 1828 elle guérit des enfans fièvreux ; quelques autres cures suivirent celle-là. Sûre alors de posséder ce don qu'elle avait tant imploré, l'idée lui est inspirée d'en faire jouir la ville de Nantes qu'a habité si long-tems celui qui avait jeté dans son âme les premières émotions d'une religion si vive ; elle croit que Nantes est destinée à devenir le berceau de la nouvelle Eglise. Dans cette persuasion elle arrive parmi nous. Voilà ce qui a amené les événemens dont nous avons été témoins. Beaucoup de gens blâmeront ce qu'ils appelleront une superstition du cœur, et trouveront qu'il y a des motifs de voyage plus graves; il y en a peu qui soient aussi pardonnables; car il n'y en pas de plus purs et de plus désintéressés.

Madame de Saint-Amour, que le lecteur est sans doute curieux de connaître pour elle-même, après avoir parcouru les détails que je viens de donner, est une femme petite, très-vive, dont la physionomie présente une singulière mobilité d'expression. Elle parle avec feu, ses improvisations sont le fruit de sa vivacité: elle ne calcule pas ses sentimens, elle les communique. Sa confiance en Dieu est telle qu'elle ne peut se persuader qu'il lui soit possible de rien dire qui la compromette ou qui ait besoin de restriction.

A ces manières que donne l'habitude de la bonne société, elle joint cette gaieté douce qui est le fruit d'une conscience sans reproche. Avec le physique délicat de la femme, elle possède quelque chose de cette vigueur d'inspiration qui n'appartient qu'à l'homme. Les commérages de société la mettent mal-à-l'aise, la conversation sérieuse est son élément, et elle ne se montre bien ce qu'elle est qu'avec les personnes qui ont de l'exaltation dans l'âme. Vous ne lui surprenez aucun doute, aucune irrésolution dans ce qui a rapport à sa mission. Quand on l'interroge sur sa foi, elle répond par ces paroles de l'Evangile dans lesquelles Jésus-Christ annonce que ceux qui auront la foi feront les mêmes choses que lui. Hé bien! ajoute-t-elle, je somme le Seigneur de remplir ses promesses.

Avec une foi aussi vive que celle des apôtres, elle ne doute pas le moins du monde d'opérer les mêmes miracles. Indépendamment du don de guérison qu'elle possède, sous le simple rapport de la société, c'est l'une des femmes avec lesquelles on peut causer le plus long-tems et avec le plus de plaisir. Ses exhortations seules ont opéré devant moi des cures morales. Jamais je n'ai entendu parler de Dieu, de l'immortalité de l'âme, de l'efficacité de la prière à personne, d'une manière aussi poétique. Elle ne dit pas, comme nous, l'autre vie, car pour elle, comme pour Saint Martin, il n'y en a qu'une. Son commerce avec l'autre monde a commencé sur la terre. Tout à ses yeux est dirigé par la divine providence, et et cette intervention perpétuelle de la Divinité jusques dans les plus petites choses, cette intervention que la philosophie cherche à démontrer est pour elle un sentiment qui la rend heureuse. L'*Homme de désir*, les *Pseaumes*, les *Evangiles*, surtout *celui de Saint Jean*, voilà quelles sont ses lectures habituelles.

Une telle conviction, une vie dévouée à de telles œuvres, offrent un spectacle moral bien extraordinaire dans notre siècle indifférent.

Le jour de ma première visite, je me surprenais à me demander comment l'homme pouvait se soutenir dans cette exaltation. L'humilité sincère, l'abnégation totale de soi-même m'expliquaient seules ce phénomène. Quand l'homme est tout entier avec Dieu, ce n'est plus sa volonté qui le dirige, c'est le principe même qui lui a donné la vie. l'amour divin prend alors dans l'âme du simple le caractère du génie, il se montre à la fois naïf, comme un enfant, et sublime comme un grand homme. Un de nos penseurs disait après avoir causé avec Mme de Saint-Amour, qu'il y avait des anomalies singulières dans l'espèce humaine ; l'expression n'était pas exacte : un tel caractère est tracé d'après des lois bien dignes de notre admiration.

Toute en Dieu, pour ainsi dire, Mme de Saint-Amour ne prend sur elle la responsabilité d'aucune de ses actions. Emue jusqu'aux larmes près de son malade, elle reste comme étrangère à son ouvrage après que le malade est sorti. Elle écoute le récit de ses propres cures, elle prête une oreille attentive à ce qu'on raconte d'elle, parce qu'elle l'a déjà oublié. D'autres fois c'est elle-même qui raconte, et à sa volubilité, au soin qu'elle a de remarquer les moindres circonstances, vous diriez quelqu'un tout étonné de ce qu'il vient de faire et qui n'y est pas habitué : c'est qu'en effet, on ne s'habitue pas à de telles choses. Toute surprise de ce qu'elle avait produit, je l'ai entendu souvent se demander comment il était possible qu'elle eût ce don merveilleux.

Avec cette bonhomie enfantine qui raconte ses succès sans les déguiser, elle montre dans l'intimité une espèce de crainte, comme si elle avait peur d'arrêter sa pensée sur elle-même. Elle ne se comprend pas : elle a la conscience de son action puissante, mais elle ne peut en déduire la raison ; elle en jouit, comme tous les hommes jouissent de la vie : nous la recevons d'en haut, mais nous ne l'expliquons pas. L'orgueil tiendrait d'autres éveillés toute la nuit, par le souvenir de tant de guérisons surprenantes ; elle dort tranquillement, parce qu'elle ne se regarde que comme un instrument passif entre les mains de la divine providence, et qu'elle n'en attribue qu'à celle-ci toute la gloire. Impossible de la flatter par l'amour-propre. Si elle s'y sentait accessible, elle verrait qu'elle rentre dans le *moi* humain, et un prompt retour sur elle-même lui ferait abandonner sur-le-champ une jouissance que les autres conservent si volontiers.

C'est peu d'entretenir Mme de Saint-Amour, il faut la voir avec ses malades pour en concevoir une juste idée. Ce spectacle m'a laissé une impression que je n'oublierai de ma vie. Dans la conversation, Mme de saint-Amour attache ; mais dans les actes de son ministère, car c'en est un, elle subjugue. Sa physionomie mobile d'ordinaire, prend plus de gravité. Avant qu'elle ait parlé, on se sent ému, et ses paroles comme ses gestes viennent ensuite traduire, pour ainsi dire, les sentimens qu'on avait dans l'âme et qu'on ne s'expliquait pas. On se sent comme dans une atmosphère que la prière vient d'épurer. Le cœur bat, et cependant on le sent battre sans crainte. On retient, pour ainsi dire, son haleine afin d'être plus attentif, et néanmoins on craindrait de sortir pour respirer plus librement.

Le malade cherche à deviner son sort dans les yeux de celle qui lui impose les mains en silence; la confiance croissant à mesure que le mieux se fait sentir, sa physionomie inquiète prend quelque chose de calme, l'étonnement, la reconnaissance se lisent dans les traits de l'infirme guéri, l'inflexion de sa voix change, le spectateur se sent attendri, et il ne résiste plus à l'impression qui s'empare de lui, quand il entend la prière reconnaissante que Madame de Saint-Amour adresse alors à Dieu.

Jamais on n'a mis plus d'âme, plus d'émotion dans une prière. La mère qui revoit l'enfant qu'elle avait cru mort, n'offre pas au ciel des voeux plus sincères et une physionomie plus entraînante. Figurez-vous la femme que le délire de l'amour maternel précipitait aux pieds du lion qui allait dévorer son fils, telle est souvent Madame de Saint-Amour. Sa pose, les larmes que la pitié lui fait répandre, tout fait tressaillir le spectateur le plus insensible. Je verrais cela se passer sur la scène que je serais néanmoins agité. Combien la réflexion ne devait-elle pas accroître cette impression? Ce n'était point ici l'illusion du théâtre: c'était le Dieu de vérité invoqué sincèrement, c'étaient les infirmités humaines dans toute leur réalité, et au lieu d'un acteur payé pour feindre des sentimens qu'il n'éprouve pas, c'était une femme qui se dévouait par religion à soulager ses frères, une femme dont toutes les paroles respiraient l'amour de Dieu et du prochain, et qui, refusant avec dignité les offrandes de la reconnaissance, répétait à ses malades ces paroles de l'Evangile: *vous l'avez reçu gratuitement, donnez-le gratuitement.*

La conviction qui provient de l'émotion morale est fort bonne, mais elle n'est pas toujours suffisante. Il entre de l'enthousiasme dans ce que le cœur nous inspire, et il faut de l'examen dans ce qu'on veut soumettre au raisonnement. En conséquence, je pris le parti d'assister au plus grand nombre des cures que se proposait de faire Me de S.-Amour.

J'ai vu une femme qui avait perdu l'usage de la vue la recouvrer subitement, et me désigner une personne éloignée de la fenêtre de quelques centaines de pas. Dans les jours de la persécution suscitée contre Mme de Saint-Amour, cette femme alla conjurer le commissaire de police de son quartier de laisser tranquille la bonne dame qui l'avait guérie.

J'ai entendu des hydropiques affirmer eux-mêmes qu'ils avaient recouvré leur guérison. Un jeune garçon de Grand-Champ, qu'un médecin de cette ville tâchait de guérir depuis long-tems d'une paralysie, au moyen de l'électricité, s'écria tout-à-coup qu'il était guéri, et, venu en charrette, au lieu des séances, il alla à pied se faire voir dans la ville. Des hernies ont disparu subitement. Une demoiselle sur laquelle la médecine avait épuisé tout son art, a éprouvé aussitôt un mieux qui s'est soutenu, et qu'une cabale a nié malgré la déclaration de la malade elle-même. Une foule de spectateurs ont vu, le 11 septembre, une femme de Tours, privée de l'usage des jambes et portée chez Mme de Saint-Amour; elle retourna à pied du haut de la rue de Bel-Air jusqu'au Port-Communeau.

Cent personnes ont vu comme moi ces faits. Elles ont vu Mme de Saint-Amour panser les plaies les plus dégoûtantes, toucher des scrophuleux, des galeux, sans témoigner de répugnance. Elles l'ont vue dans l'effusion de sa reconnaissance envers Dieu, se jeter dans les bras des gens les plus malpropres et attaqués des maladies les plus contagieuses. Il me semble qu'une telle conduite était propre à attirer des égards, sinon des éloges à son auteur.

Un degré de superstition de plus, un parti aurait pris sa défense; un peu moins de prudence, une faction l'aurait avouée: mais comme elle a marché seule, sans esprit de corps, entre toutes les corporations, elle a été désavouée par elles. Tel est, on le sait bien, le sort qui attend la vérité dans tous les tems; il faut qu'elle fasse des concessions pour être reçue: on marchande avec elle, comme on le fait avec la conscience, et l'homme qui trouve celle-ci importune, ne peut manquer, par conséquent, de répudier celle-là.

Il ne m'est pas permis de publier les noms que j'ai recueillis. Ceux des malades que les coteries ont gagnés nieraient mon témoignage, comme ils ont nié le bien qu'ils ont éprouvé ; les autres, en butte à des persécutions, à des plaisanteries, ont des raisons de se taire. Les preuves vivantes, si l'on peut ainsi parler, ont été récusées, comment ne combattrait-on pas les preuves écrites ? Il suffirait d'un simple démenti que j'aurais, à cet égard, pour donner le change au public et lui faire croire que le reste est démenti aussi. Je m'en tiens donc à la simple réfutation des critiques et à l'exposé des causes auxquelles il faut rapporter les faits. C'est la tâche unique que je me suis proposée.

Quand un homme qui n'a pas perdu tout-à-fait la tête, ajoute foi à des prodiges que l'enfant du peuple le plus ignare réfute d'un sourire, on doit nécessairement penser qu'il y a dans la croyance de cet homme quelque chose qui échappe au bon-sens ordinaire de la multitude. Quand il ne craint pas de signer un écrit dans lequel il atteste avoir vu les effets qu'il signale, il me semble qu'une telle assurance est propre à exiger quelque attention de la part de celui qui s'érige en juge.

Les noms de baptême et de famille, les adresses des malades guéris par les apôtres ne sont pas venus à notre connaissance, et néanmoins, les faits seuls, attestés par la génération contemporaine, ont été suffisans pour établir la croyance au nom de laquelle se faisaient ces miracles. Les faits parlent aujourd'hui de la même manière: personne ne les nie, seulement on esaye de les décréditer par mille explications. On veut se rendre plausible ce qui paraît si merveilleux, on veut détruire ce qui a eu un instant de vogue. Ma tâche est donc de combattre ces critiques, afin de mettre la vérité dans tout son jour.

Pour en venir à la première attaque, on a crié d'abord au compérage; mais le compérage a un but; et quel est celui qu'on se proposait ici? De guérir des infirmes, de soulager l'humanité souffrante: voilà, en effet, ce qui vaut bien la peine d'acheter des compères! Et où les prend-on ces compères? Dans la multitude elle-même. Pendant quinze jours plus de trente malades ont passé journellement sous mes yeux: s'il faut acheter tous ces témoins pour en faire des compères, il y a fort à faire; si l'on croit que le secret sera gardé par tant de gens, l'on se trompe en vérité d'une manière bien naïve. Parmi ces compères qu'on en cite un seul!

J'ai pris la plume avec l'intention de recueillir les faits et de rédiger le procès-verbal d'un événement qu'on ne pourra plus retrouver bientôt que dans les dépositions contradictoires du peuple, et, à ce titre, je devais plus que personne me défier du compérage. Je ne croirai jamais que quatre cents malades de toutes les classes se soient entendus avec Madame de Saint-Amour pour me tromper. J'ai proposé à cette dame une promenade à la campagne. Dans le bourg de Sucé, au château de la Gacherie, je lui ai amené des malades simples, de bonne foi, et qui, certainement, n'étaient pas dans le secret de ce prétendu compérage. Cette supposition tombe d'elle-même, et je passe à une autre. Les malades appuieront ce que j'affirme. Quelle créance veut-on, en effet, que la critique ait près d'eux, quand on leur dit qu'ils ont vendu leur conscience.

Il y a eu des effets sans compérage. Qui a produit ces effets? Je ne fais pas l'injure au lecteur de lui supposer assez peu de lumières pour croire au sortilége, et le simple énoncé du mot en est une réfutation suffisante.

Le peuple affirme que les malades guéris par Mme de Saint-Amour retombent ensuite plus mal. Je m'arrêterai tout à l'heure sur ces rechutes, je me contente seulement de remarquer que l'objection populaire que je note ici n'est pas plus raisonnable que la précédente. En effet, la puissance mal-faisante attribuée à un être quelconque n'est pas moins miraculeuse que celle qui leur rend la santé. Cette puissance est celle du diable; je suis bien sûr que nos détracteurs ne croient pas plus au diable qu'aux sorciers. Les médecins prétendraient inutilement que le malade a reçu une impression qui a pu lui être funeste, ou que, se croyant guéri, il a commis des imprudences, toujours résulte-t-il de ces accusations que l'état du malade a été modifié d'une manière quelconque, et cette modification, de quelque nom qu'on la désigne, résulte du fait même qui la critique.

Les objections vont se multiplier sous ma plume. Le peuple tend toujours à remplacer le vraisemblable par l'absurde; à une cause plausible il substitue toujours une cause occulte. Les uns ont dit que Mme de Saint-Amour possédait une bague électrique dont la vertu guérissait les maladies. Pourquoi ne fait-elle pas connaître cette bague enchantée? Nos médecins seraient de jolies femmes qui guériraient toutes nos infirmités en approchant seulement leur doigt de nos lèvres. Cette bague aurait fait fortune dans le moyen âge; Mélusine, Alsine et Morgane avaient moins de droit à l'admiration de nos bons aïeux.

D'autres ont dit qu'elle répandait sur les plaies une poudre propre à les cicatriser. Voilà certainement un moyen qui n'était pas à dédaigner. En divulguant généreusement cette découverte, que de services on aurait rendus à l'humanité! Notre civilisation qui a tant perfectionné les moyens de détruire, n'a rien trouvé de plus admirable. Un concert de louanges aurait dû accueillir l'heureux possesseur de cette poudre. Que dis-je! les pharmaciens inquiets auraient dû au contraire élever des réclamations. Tout le monde s'est tû. Les honnêtes gens ont senti que le tems fesait justice de ces contes. Mais les savans de profession s'éloignant, le peuple sans guide était livré aux contes les plus absurdes.

On avait vu Mme de Saint-Amour sur le balcon de Mr de Tollenare, parcourant les dessins d'un jeu moderne, on répéta que tout son savoir-faire consistait à tirer les cartes. Une muette, disait-on, avait parlé. Pour expliquer ce miracle, on supposa Mme de Saint-Amour ventriloque. Ainsi il lui fallait une qualité pour chaque maladie, et on en faisait un être tout-à-fait extraordinaire pour ne pas la voir telle qu'elle est. Le conte de la muette courut, sans qu'on fît attention qu'il aurait fallu, dans ce cas-ci, que le médecin-ventriloque fît sortir de sa poitrine les sons, tandis que les lèvres de la malade auraient paru les articuler. Quelle niaiserie, et que de peines on se donne pour ôter à l'erreur son ridicule! On ne viendrait jamais à bout de compter ces puérilités. La folie, la superstition, la mauvaise foi prennent mille formes: la vérité n'en a qu'une. Quand on ajoute foi à de telles fadaises on a bien mauvaise grâce à accuser les autres de superstition.

Venons donc aux véritables objections, aux seules objections sérieuses faites contre les cures de Mme de Saint-Amour; les voici:

1° Ces guérisons, pour la plus grande partie, n'ont pas eu de succès durable. Les malades sont retombés dans leur premier état peu d'heures ou peu de jours après.

2° L'imagination a une grande part dans

ces cures. On a tous les jours sous les yeux des exemples aussi frappans de guérisons opérées par l'imagination seule. Un paralytique voit le feu prendre à sa maison ; il saute à bas du lit, et court sans s'apercevoir de son mal.

3o Mme de Saint-Amour accompagne ses prières de gestes qui font penser avec raison qu'elle ne fait autre chose qu'employer le magnétisme.

Toutes les explications dont on se sert pour rendre moins surprenantes les cures de Mme de Saint-Amour, rentrent sous ces trois chefs d'accusation. Dès le premier instant je les ai examinées avec le désir de les trouver suffisantes pour opérer ma conviction. La vérité m'est plus chère que quoique ce soit au monde, et si l'une de ces trois sortes d'objections avaient satisfait complétement mon esprit, je m'y serais arrêté aussi moi. Quand on a vu les effets et étudié la doctrine qui les explique, on a acquis le droit d'être exigeant, surtout quand celui qui prétend vous instruire n'a rien vu et rien étudié. J'ai interrogé ceux qui s'appuyaient sur ces objections, mais je me suis convaincu, qu'en fait de système, personne ne veut abandonner ses idées. On se fait un cercle dont on ne sort pas. Chacun cherche à attirer à soi celui qui est d'un avis contraire. Au lieu d'un échange de sentimens, on s'entête des siens seulement. On met de l'opiniâtreté dans la discussion, parce qu'on a commencé par y mettre de l'amour-propre, on s'aigrit, et on se sépare sans s'être éclairé. Tous les défenseurs de Mme de Saint-Amour ont trouvé, comme moi, des agresseurs à qui la vérité était moins chère que leur opinion. Il est donc nécessaire de consigner ici une protestation qu'on n'a pas voulu entendre.

J'en viens au premier point. Si les malades sont retombés, c'est qu'ils ont d'abord été mieux. En employant le mot *retomber*, les accusateurs de Mme de Saint-Amour s'accusent eux-mêmes: ce mot porte avec lui leur condamnation. On ne dit pas d'un malade qui est resté dans le même état, qu'il est retombé. De l'accusation même résulte l'aveu d'un mieux produit. Que ce mieux ait bientôt disparu, toujours est-il vrai qu'il s'est manifesté; maintenant qu'on se l'explique. L'effet a été produit, c'est tout ce que je veux établir. L'explication d'un effet quelque soit sa durée me semble mériter la peine d'un examen attentif, et ce ne sont pas les brocards du peuple qui convainquent: c'est le cas de dire que les injures ne sont pas des raisons. En sortant des mains de Mme de Saint-Amour, le malade a pu retomber par son imprudence, par l'abus qu'il aura fait de ses forces, par la fausse idée enfin qu'il était invulnérable. Il n'était néanmoins pas plus à l'abri d'une rechute qu'en sortant des mains du médecin. On fait honneur au médecin de ses succès: personne ne songe à lui imputer les imprudences du malade.

Mais, dira-t-on, ce n'est pas un ou deux malades qui sont retombés, c'est la presque totalité; et il y a dans ces rechutes générales quelque chose qu'on ne peut attribuer qu'à ce moyen inusité de guérison. — Je souscris, si l'on veut, à cette accusation. J'admettrais même que de tous ceux qui ont été guéris il n'y en a pas un qui ne soit retombé: je prétends, malgré cela, que la cause de Mme de S.-Amour, n'en est pas plus mauvaise. Mme de Saint-Amour, en effet, a procuré à ses malades leur guérison comme l'effet de leur foi. Avec la cause, l'effet était produit; où la cause n'était plus, il n'y avait plus d'effet. Cette foi a paru bien ridicule à certaines personnes; mais avant de la condamner, il était de toute justice de l'admettre, sinon comme vérité, du moins

comme

comme hypothèse, c'est cette hypothèse là, en effet, qui justifie Mme de Saint-Amour. Quand on juge quelqu'un en conscience, on ne peut exiger de lui que ce qu'il promet, on ne doit le combattre que sur le terrain où il se place.

Vous aviez la foi, ou si le mot vous effraie, vous aviez la confiance au moment où le désir ardent de votre guérison vous a fait chercher le médecin; ce médecin vous a guéri par cette foi même, il vous a averti que votre état futur dépendrait de ce degré de foi: de quoi donc vous plaignez-vous, si, n'ayant plus confiance en ses avertissemens, vous retombez dans vos infirmités? Vous jetez loin de vous le remède qui vous a guéri et qu'on vous avait recommandé de garder soigneusement, il est clair que le mal, dont vous vous plaignez, est la suite de votre imprudence. . . . . .

On a dit que cette foi, qui choque tant d'oreilles, était une pure escobarderie; car, d'après les partisans de Mme de Saint-Amour, s'il y avait du mieux chez un malade frappé par l'imagination, c'est qu'il avait de la foi, si rien n'était produit sur un autre, c'est que la foi manquait, enfin si le mieux disparaissait chez un troisième, c'est que sa foi disparaissait aussi. Ces critiques tranchantes peuvent sembler spirituelles; elles ne sont qu'injustes. En effet, ce n'est pas assez de détruire, il faut édifier. Or, que met-on à la place de cette foi tant décriée? rien absolument, si ce n'est une imagination qu'on ne peut définir, et un magnétisme qu'on ne connaît pas. J'examinerai tout à l'heure ces deux moyens curatifs, je m'arrête un instant sur ce mot *foi* sur lequel tout le monde a pris le change.

Avant de plaisanter sur les mots, il faut les définir, et personne n'a pris celui-ci dans son acception véritable. La foi qu'exigeait Mme de Saint-Amour, n'est pas cette croyance stérile séparée de la volonté et que l'homme place dans son entendement comme un simple fait de mémoire; cette foi est une opinion qui peut ne pas emporter une conviction profonde avec elle. Celle dont il s'agit est au contraire une puissance. Elle entre dans la vie de l'homme, elle fait partie de lui-même, elle le subjugue. Notre conviction est toujours produite par notre amour dominant qui fait que nous cherchons à nous identifier avec ce que nous croyons. Une opinion vaine, qui ne nous agite pas assez pour que nous essayions de nous l'approprier, est une chose pour laquelle nous ne faisons qu'un leger effort de mémoire. On sent la différence qu'il y a entre cette opinion qui nous est indifférente et cette croyance que notre amour chérit par-dessus tout. C'est cette croyance seule qui est la foi; ainsi tout homme a sa foi, qui s'identifie avec ses désirs habituels, qui fait partie de lui-même, comme étant ce qu'il a de plus cher. Un homme sans foi serait en même-tems sans amour quelconque, par conséquent, sans passions, sans désirs: ce serait un automate.

Quand toutes les facultés de l'âme sont réunies dans un même foyer, au moyen d'une foi vive, l'homme sent plus énergiquement l'existence. Toutes les forces de son âme se rassemblent dans un point: tous ses désirs se réunissent dans un même désir, et tel est son amour dominant, tel il est lui-même. On ne comprend pas toujours cet empire absolu d'une faculté morale, parce qu'on ne se fait pas une juste idée de l'homme.

Swedenborg, d'après Aristote, voit en nous deux facultés qui constituent tout notre être: l'une est l'entendement, l'autre la volonté. A la première se rattachent nos pensées, à la seconde nos affections. La foi est la réunion de l'entendement et de la volonté sur un seul objet. Il est clair que si la pensée s'exerce seule sur cet objet, sans que l'affection y soit aussi, l'homme entier ne s'attache pas à cet objet, il le considère, mais il ne marche pas avec lui d'un mouvement commun. Si, au contraire, il y a accord avec la pensée qui considère, et l'affection qui aime, l'homme s'attache à ce qu'il poursuit et en fait l'aliment de sa vie.

Cette foi qui fait vivre n'est pas encore celle qui guérit; cette dernière vient de plus haut.

Une volonté meut l'univers. Chez tous les hommes, qui pensent, cette vérité est incontestable. Cette volonté trouve un receptacle dans l'âme humaine, seconde vérité sur laquelle sont d'accord tous nos livres. L'homme est créé à l'image de Dieu, dit la Génèse. Quand, par une humilité profonde, une abnégation totale de nous-mêmes, nous parvenons à laisser Dieu agir en nous, la vie divine opère en notre âme, nous agissons par elle. Tous les germes contiennent les propriétés de leur principes; Dieu étant le principe de l'homme, celui-ci est susceptible de recevoir toutes les vertus et toutes les vérités divines. La condition nécessaire pour cela est l'anéantissement du *moi*; tous les philosophes sont d'accord là-dessus. C'est cette idée que développe avec tant de charmes l'auteur de la *Chaumière Indienne.* C'est-elle qu'ont aperçue les génies de tous les siècles, quand ils ont fait de la simplicité du cœur la condition requise pour être éclairé d'en haut. Quand l'homme est retranché en lui-même, abandonné à lui seul, il n'est plus rien ; quand, au contraire, par le sublime dévouement de son être il n'attend rien de lui, il reçoit tout. Plus l'homme anéantit sa volonté, dit Virey, plus il est mû par l'Être éternel. Saint Martin commence l'une de ses sublimes prières par ces mots : « Ote-moi ma » volonté, Seigneur, ôte-moi ma volonté ; car » si je peux un seul instant suspendre ma » volonté devant toi, les torrens de ta vie et » de la lumière entreront en moi avec im- » pétuosité ».

L'Écriture, qui renferme tant de secrets profonds, nous dit aussi les mêmes choses de celui qui a la foi, et cette foi est celle seulement dont il s'agit ici. Avec elle, ce n'est plus l'homme qui sent, qui respire, qui parle, c'est en quelque sorte Dieu même qui sent, qui respire, qui parle en lui. Cet état est celui de l'enthousiasme religieux parvenu à son comble. Quand on en est là, rien ne paraît impossible. Si le doute, l'incertitude apportent des obstacles à cette action divine, la foi s'éteint. En effet, l'intelligence troublée paralyse alors, pour ainsi dire, les affections dominantes de la volonté. Si nos prétendus esprits-forts ne peuvent s'expliquer comment cette puissance morale produit un effet physique, je leur demanderai, à mon tour, comment ils attribuent des faits matériels à l'imagination, puissance morale comme la foi! J'examinerai tout à l'heure cette faculté, à laquelle ils attribuent tant de choses qu'ils refusent d'accorder à la foi.

Les hommes religieux n'ont pas besoin de tant de métaphysique; l'Évangile leur dit clairement qu'avec la foi on peut tout. Jésus-Christ n'a-t-il pas dit à ses disciples, que s'ils avaient la foi en lui, ils feraient les mêmes choses que lui, et même de plus grandes. Quand les apôtres furent interrogés sur le bien qu'ils avaient fait à un homme perclus, ils répondirent: *c'est par le nom de Notre-Seigneur Jésus-Christ.* Mme de Saint-Amour répond aujourd'hui de la même manière, et dans son opinion, Jésus-Christ est à ses yeux le même Dieu que celui dont nous expliquions tout à l'heure les rapports avec l'âme humaine. Aux yeux d'un chrétien, il n'y en a pas d'autres; et aux yeux d'un disciple de la Nouvelle Jérusalem surtout, Jésus-Christ est non-seulement le Dieu qui a éclairé les hommes par la lumière de son évangile, mais c'est encore celui qui leur a dicté sa loi du sommet du mont Sinaï. Les deux Testamens convergent en lui seul. Il réunit en lui la Trinité, dont les trois personnes sont simplement trois attributs.

Plusieurs doutent si les faits des apôtres auxquels ils sont disposés à ajouter foi, sont réellement de nature à être reproduits de nos jours. Je ne suis pas assez initié dans les secrets de la divinité pour savoir si elle a voulu borner sa puissance à tel tems et la laisser oisive dans tel autre. Il n'y a point là-dessus d'autorité philosophique ou religieuse dont la décision soit sans réplique. D'autres se demandent pourquoi une femme serait douée de ces dons. Je ne sais pas non plus jusqu'à quel point la différence des sexes influe sur la diversité des dons qu'il plaît à Dieu de répandre sur les hommes. Les femmes réputées incapables chez nous de tels ou tels emplois, peuvent fort bien sembler à Dieu propres à les remplir tous. Quelques-uns disent qu'ils croient parfaitement en Dieu, mais qu'ils se refusent à croire nécessaire pour cela l'intermédiaire d'une femme. Il a bien fallu, dans des siècles antérieurs, l'intermédiaire des apôtres ; ainsi cette difficulté rentre dans celle de la différence des sexes.

L'Évangile nous instruit de l'efficacité de la prière faite, non-seulement par l'individu isolé, mais aussi par plusieurs. Il y a une communauté de sentimens dans la patrie de l'intelligence qui en redouble la force. Quand vous serez plusieurs assemblés en mon nom, dit Jésus-Christ, je serai au milieu de vous.

L'homme par une prière fervente a le pouvoir de communiquer avec Dieu : quand un autre s'unit à lui par la même prière, ils sont tous deux en présence du même Dieu, et la philosophie la plus sceptique ne peut nier alors ce qui peut se passer dans ce commerce ineffable de la créature avec son auteur. Le monde immatériel est une unité dont nous faisons tous partie. Voilà pourquoi, pour arriver à cette unité, nous avons besoin les uns des autres. La charité est le chemin de cette unité, et la prière est la condition pour y arriver.

Il ne reste plus qu'un scrupule à vaincre chez les hommes religieux, c'est qu'une Swedenborgiste opère des miracles, dont jusqu'ici on n'avait cru capables que les ministres de la religion romaine. Ce n'est plus qu'une dispute de culte à culte. La théorie philosophique plane au-dessus de tout cela. Le catholicisme condamne la Nouvelle Jérusalem comme secte, comme hérésie. Celle-ci, à son tour, décline la juridiction du catholicisme, qu'elle regarde comme une religion devenue toute extérieure d'intérieure qu'elle devait toujours être. Elle le considère en un mot comme un culte dont le tems est fini. A elle seule elle applique ces paroles de l'écriture: *Un tems viendra où il n'y aura qu'un pasteur et qu'un troupeau.* Cette unité, vers laquelle tendent toutes les nations et que Mr de Maistre voyait s'accomplir au profit du catholicisme, la Nouvelle Jérusalem, qui accepte tous les hommes et qui n'en condamne aucun, la réclame pour elle seule.

En vain le clergé dira au peuple de se garder des faiseurs de miracles et des faux prophètes; l'Ecriture qui annonce ces faux prophètes, indique aussi les moyens de les distinguer: c'est *par le fruit*, dit-elle, qu'on *connaît l'arbre*, et il est difficile de croire qu'on soit possédé du diable en guérissant gratuitement les malades au nom de Jésus-Christ, en prêchant sincèrement l'humilité, la charité, et en pratiquant toutes les vertus enseignées dans l'évangile.

Actuellement que nous avons assez fait entendre quelle était la foi que Mme de Saint-Amour exigeait de son malade, nous pouvons reprendre la discussion où nous l'avons laissée.

Quel est le malade qui affirmera en conscience qu'il est resté dans les dispositions que le désir de la guérison lui avait inspirées d'abord? Ce serait être un peu exigeant, sans doute, de demander qu'il fût resté, sans distraction, sous le charme de l'impression qu'il avait reçue; mais quel est du moins celui qui n'a pas eu la faiblesse de douter, quel est celui qui n'a pas éprouvé quelque incertitude? Où est celui qui a eu le courage de résister à la plaisanterie? Je ne sais, mais je crois que le nombre en est bien petit. En physique, les opposés réagissent l'un sur l'autre; l'effet d'une liqueur neutralise l'action d'une autre liqueur; pourquoi ne veut-on pas ici que l'opération morale d'une faculté ait pu être détruite par une opération contraire? La critique devait s'exercer sur la condition exigée par Mme de Saint-Amour, puisque vraie ou fausse, c'est elle seule que cette dame donnait comme nécessaire. Les faits n'étaient que les conséquences de son opinion, si tant est que le terme soit exact, et c'est, par conséquent, cette opinion qu'il fallait soumettre à l'examen. On a ri, on a plaisanté, personne ne s'est douté qu'il y eût une explication à chercher et une science à étudier. On s'est attaché à compter les cures, à faire le triage des réussites et des non-succès. Les cures complettes ou incomplettes n'étaient que les suites d'une action morale incontestable ; c'est à la théorie philosophique qu'il fallait demander la raison de cette action.

Combien de gens ont confondu l'ardent désir d'être débarrassés de leurs maux avec l'intime conviction de la possibilité de cette union de Dieu et de l'homme, et qui, par conséquent, n'avaient pas la foi ! Combien d'autres venaient avec distraction implorer des secours sur lesquels ils ne comptaient pas ! La plupart hésitant ou rougissant de prier, laissaient leur âme inactive et n'éprouvaient rien ; ou si une étincelle de la vie morale jetait quelque lueur dans leur cœur, ils la laissaient s'éteindre, et retournaient bientôt dans le même état qu'auparavant. Mme de Saint-Amour répétait à tous ces paroles de l'Ecriture: *Allez, et qu'il vous soit fait selon votre foi.* Ce n'est pas moi, ajoutait-elle, qui vous guéris ; c'est Dieu seul, et votre état dépendra de vos relations avec lui. N'était-il pas évident que la cure étant morale, le malade irait de mieux en mieux, à mesure que son état moral continuerait à s'améliorer, tandis que le soulagement qu'il avait éprouvé cesserait, si la cause qui l'avait produite cessait elle-même.

J'ai été témoin, chez M. Thomine, d'un effet surprenant. Une femme demeurant à l'Ermitage, avait le poing fermé depuis trente-huit ans. J'ai vu cette femme, ouvrir sa main sans difficulté, sans douleur. De son propre aveu, elle s'en est servie pendant quelques jours; aujourd'hui cette main s'est refermée. La non-réussite est aussi étonnante, certainement, que la cure. Il n'y a qu'une explication pour toutes les deux. Mr Thomine témoin, comme moi et bien d'autres, de cel fait, le citait à un médecin qui a attaqué publiquement Mme de Saint-Amour : « Vous avez cru voir s'ouvrir cette main, lui dit le docteur ; vous avez été dans l'illusion ». Nouveau fait à expliquer. Comment dix personnes éprouveront-elles à la fois une illusion telle, qu'elles voient toutes s'ouvrir une main restée fermée? Que ferez-vous ensuite de la déclaration formelle de la malade qui affirme s'être servie de sa main? Quand on est rendu à dire à des témoins oculaires qu'ils ont été dans l'illusion, je crois que ce n'est pas le moyen de les détacher de la cause qu'ils soutiennent. Pour l'illusion de l'imagination, passe encore, si l'on veut; mais l'illusion des yeux, et surtout dans ce cas-ci, en vérité, c'est un peu fort!

Le prière fervente, la reconnaissance profonde du malade mettaient son âme dans une disposition telle, que celle-ci agissait aussitôt sur le corps; mais avec une disposition opposée devait infailliblement reparaître l'état précédent. Comment à présent ne pas être étonné qu'un grand nombre de malades soient retombés? Ces sortes de cures, aussi solennelles qu'un acte religieux, devaient, comme lui, se passer dans la retraite et le silence. Jésus-Christ recommandait le silence aux malades qu'il guérissait. Affranchi du tumulte et des distractions de la société, le malade aurait vu se continuer sa cure sous les yeux d'une famille reconnaissante. Loin de là, il allait essuyer les questions d'une foule peu disposée à nourrir les sentimens qui l'avaient agité;

quelques amis prudens auraient dû seuls pénétrer dans sa solitude; au lieu de ces visites, sa demeure était envahie par des curieux, des faiseurs de bons mots, qui se riaient de lui et lui contestaient le bien qu'il disait éprouver. Si quelque médecin devait être introduit près de lui, ce ne pouvait être qu'un observateur discret et non un ennemi de ces guérisons, un homme qui, s'étant fait d'avance des raisonnemens contraires, effrayait le malade des suites que pouvait avoir pour sa santé la secousse que son imagination, disait-il, venait de recevoir. Enfin, il aurait fallu près de lui un ministre du Dieu de paix, tolérant comme son maître, et non l'un de ces ecclésiastiques peu éclairés, comme il s'en est trouvé, qui forçaient l'infirme à mentir à ses sensations, à abjurer le témoignage irrécusable de sa conscience.

Quels sont ceux qui ont évité tous ces scandales? Il n'y en a pas un. Un genre de cure aussi remarquable demandait des précautions sans nombre, pour être conduit à bien. Loin d'avoir eu ces précautions, on les a combattues de mille manières. Si un médecin, après nous avoir guéri, nous prescrit un régime, n'est-il pas vrai que nous attribuerons nos rechutes aux infractions faites à ses ordonnances ? Une cure morale exigeait de même un régime moral ; que peut-on conclure contre la cure, si le régime qui devait la terminer n'a pas été suivi ? On ne s'imagine pas jusqu'où le trouble et la confusion ont été portés. Par la nouveauté même de la cure, le malade guéri avait à combattre sa propre incertitude. Il aurait fallu lui aider à croire, on détruisait au contraire sa confiance. En vain l'homme a éprouvé des effets incontestables, quand tout le monde lui répète qu'il a été dupe, il est tenté de croire qu'il s'est trompé : il craint presque d'entrer en superstition vis-à-vis de lui-même, en restant seul de son avis. Que sera-ce donc s'il est assailli de gens qui lui font craindre une rechute, ou la perte entière de son âme ?

Après quinze jours d'une cure radicale, on soutenait à une femme guérie d'une fistule lacrymale, que son mal n'avait pas disparu. Cette femme avait beau affirmer le contraire, on voulait à toute force lui persuader qu'elle était dans l'illusion. Une bonne dame guérie de ses infirmités, écrivait de la campagne à sa famille, qu'elle tremblait en voyant s'opérer sa guérison ; elle ajoutait qu'elle aimerait mieux rester souffrante toute sa vie, que d'éprouver un soulagement passager au prix de la perte de son âme. Voilà où la superstition conduit les hommes!

Tout ce qui est amené devant le tribunal du peuple subit la même condamnation. Il insulte toujours ce qu'il ne comprend pas. Prêt à s'humilier devant ceux qui l'oppriment, il devient insolent devant ceux qui lui font du bien. Quand il encensait des dieux ridicules, il a demandé la mort du fils de Sophronisque qui lui annonçait le culte épuré de la raison. Il décrédite les plus belles choses quand il essaye de les soutenir. Les principes incontestables qui ont amené la révolution française, ont servi à ses passions désordonnées, à ses goûts impurs et dépravés. Les mots qui rappellent les idées les plus nobles, en passant par sa bouche, deviennent des termes de réprobation. Ce qu'il a fait ici était semblable à tout ce qu'il a fait ailleurs: ce n'est donc pas l'événement qui est appelé à juger en dernier ressort. Les non-succès ne sont nullement surprenans. La théorie qui rend compte des guérisons, explique aussi ceux-ci, et si quelque chose doit étonner, c'est qu'ils n'ont pas été plus nombreux.

Les adversaires de Mme de Saint-Amour se placent dans une position où, ne pouvant nier le mieux, ils n'ont cependant pas le droit de lui imputer les rechutes. La théorie, qui explique la cure, montre la non-réussite comme très-vraisemblable; la science, au contraire, qui fait une objection des rechutes, ne peut expliquer l'amélioration première.

Je ne parle pas des cas où Mme de Saint-Amour a échoué complétement. Ces cas ont été fort rares, mais, sans chercher à en diminuer le nombre, a-t-on bien vu auparavant si le malade était attaqué d'une infirmité telle qu'il fût possible d'y remédier? La prière ne remplace pas l'organe qui manque, et, avant de faire de ce cas un sujet d'accusation, il fallait s'être bien assuré de ce qu'on pouvait obtenir par elle. Dans l'effervescence du moment, c'est ce qu'on a négligé de faire. Le peuple a dit d'abord: voilà une femme qui opère des miracles; il n'est pas venu un médecin demander de quel genre étaient ces miracles. On les a voulus de telle et telle manière, sans s'assurer si c'étaient là les conditions selon lesquelles on promettait d'opérer des guérisons. C'est se placer, il faut l'avouer, sur un terrain très-commode. Vous faites les conditions de la cure, et vous la blâmez ensuite parce qu'elle n'a pas été faite selon ces conditions de votre invention.

Il y a des gens qui arrangent tout dans leur tête dans un certain ordre; si vous dérangez ensuite cet ordre là, ils ne manquent pas de dire que c'est vous qui déraisonnez. La recherche impartiale de la vérité demande quelques concessions de notre part. Ce n'est pas assez que l'orgueil nous persuade que nous avons ce qu'il faut pour être juges, il faut remplir les conditions exigées pour l'être réellement. Que penser d'un aristarque qui, d'après le titre d'un livre, s'en ferait une idée qu'il critiquerait après cela? Ah! malheureux, lui dirait-on, ouvre le livre, lis-le attentivement, et il te sera ensuite permis d'en parler.

Je n'ai cité que des médecins et des ecclésiastiques parmi ceux qui se sont montrés aussi ardens antagonistes de Mme de Saint-Amour. Il s'est trouvé encore une autre classe d'adversaires, ce sont ceux qui l'ont accusée d'*illuminisme*. Ce mot que tant de personnes emploient sans le définir et sans y attacher d'idée précise, faisait peur au peuple. En général, les fantômes sont plus redoutables que les êtres réels, et l'illuminisme a tous les caractères d'un fantôme, parce que tout le monde en parle et que personne ne le connaît. Demandez hardiment à l'ennemi le plus déclaré des illuminés ce qu'il entend par là, il balbutiera quelques mots et restera court. Les hommes les plus éclairés eux-mêmes ont à peine lu quelques écrits de Melle Bourignon, de Pascalis, de d'Eckhartshausen, de Muralt, de Saint-Martin, et ces écrits ne sont pas de ces livres qui se jugent dans une minute. Ce qui décrédite les illumines, c'est qu'ils n'ont pas pour eux le grand nombre, et qu'il n'y a rien qui donne plus de sécurité aux faibles, que de se voir dans une route suivie par la masse.

Si c'est comme lectrice de quelque profond théosophe que Mme de Saint-Amour encourt le reproche d'illuminisme, je changerais volontiers le reproche en louange. Si j'avais quelque crédit dans une académie, je crois que je m'emploierais même pour lui en faire ouvrir les portes. En vérité, il y a autant de mérite pour une femme à lire *les Erreurs et la Vérité*, ou *les Quarante Questions* de Jacob Boehm, qu'à traduire Newton, comme l'a fait Mme Duchâtelet. Mais, qu'on se rassure : Mme de Saint-Amour ne lit pas ces ouvrages abstraits ; elle prie et soigne ses malades, voilà toute sa vie. Si quelqu'un entend par illuminés, avec le pauvre abbé Barruel, les conspirateurs et les régicides, je puis affirmer en toute conscience qu'il n'y a pas, dans ce cas-ci, matière au procès.

Parmi d'autres causes de discrédit, je dois également faire remarquer l'ignorance de ceux même qui avaient, aux yeux du peuple, toute la capacité requise pour prononcer en dernier ressort. L'un des hommes les plus instruits de cette ville, me dit, après avoir entendu Mme de Saint-Amour : « Si elle avait » avec la Divinité le commerce qu'elle pré» tend avoir, elle se serait bien vîte aperçu » que je n'ajoutais pas foi à ses guérisons ». Mais de ce que Mme de Saint-Amour disait avoir reçu du ciel le don de guérir, s'ensuit-il que Dieu lui ait donné celui de lire au fond des cœurs. Non, sans doute; c'est un droit qu'il s'est réservé lui seul. Ces deux prérogatives sont bien distinctes, mais on les confond pour avoir meilleur marché de celle qu'on ne veut pas reconnaître.

Un autre se proposait, pour la convaincre d'imposture, de lui demander la guérison d'une maladie qu'il n'avait pas. Ici, il y a encore la supposition fausse d'un don miraculeux que ne s'attribuait pas Mme de Saint-Amour. Elle prie sans doute, mais elle ne raisonne ni sur la cause ni sur l'effet de sa prière. Le malade prie avec elle, et il est accordé à celui-ci ce qu'il demande, selon qu'il a plus ou moins de confiance en Dieu. Dans l'épreuve qu'on voulait faire, on s'adressait à la Divinité même et non à l'instrument dont elle se sert.

En général, on n'a pas compris le genre de cures que voulait et pouvait opérer Mme de Saint-Amour. Le peuple devient exigeant à mesure que son admiration est satisfaite. On voulait qu'un paralytique en descendant l'escalier fût plus ingambe que jamais, ou qu'un homme à qui il manquait un bras le recouvrât aussitôt. Une telle puissance eût dépassé les bornes de celles que Dieu paraît avoir confiées à l'homme. La guérison n'est pas une création : c'eût été créer, en effet, que de produire de tels prodiges.

Mme de Saint-Amour rendait la santé aux infirmes, mais avec les conditions voulues pour que la santé se maintînt. Dans un corps décrépit ou détruit avant l'âge, il n'y avait pas de cure possible. Chez une personne tourmentée de quelque affection morale qui apportait un obstacle à l'action de la prière, la cure échouait aussi. Où l'organe manquait, elle ne pouvait rien opérer. Où le désordre existait, elle ramenait l'ordre; mais elle ne créait pas un ordre nouveau. Enfin, à la cure physique des infirmités humaines, elle substituait cette cure morale bien connue des gens éclairés, et bien attestée dans l'histoire de tous les peuples.

Si on avait fait d'abord cette réflexion, peut-être tant de gens ne se seraient-ils pas déclarés contre elle. Ils auraient avoué franchement cette espèce de cure. Il n'y aurait plus eu à discuter, entre eux et elle, que l'intervention divine. Comme tout ce qui est moral a sa source là haut, peut-être une fois amenés dans la sphère de l'immatériel, les antagonistes et les défenseurs auraient-ils fait un sincère traité de paix. Mais voilà comment vont les choses de ce monde. Quand l'événement arrive, on ne s'entend pas, faute de se communiquer. L'événement s'éloigne de nous, la réflexion vient;

l'historien prend la plume, on se retrouve avec lui ; mais ce qu'il raconte est déjà passé ; mais le passé est irrévocable ; et c'est toujours quand il n'est plus tems qu'on rend justice à ceux qu'on a calomniés.

J'arrive naturellement à ce qu'on veut bien appeler la seconde objection. L'imagination, en effet, n'est ici une objection que parce qu'on ne s'entend pas sur le mot.

Si ce mot avait été d'abord bien défini, il n'y aurait pas eu matière à discuter. Je ne sache pas qu'aucun philosophe ait tracé une ligne de démarcation exacte entre l'imagination et telle autre de nos facultés. Chez nos sensualistes du dernier siècle, elle est confondue presque partout avec la mémoire, et n'était, comme on sait, que le simple pouvoir de rappeler une sensation passée. Si c'est cette imagination là qu'appellent à leur secours les antagonistes de Mme de S.-Amour, ils la trouveront bientôt insuffisante. La puissance qui nous fait percevoir une sensation non encore éprouvée, n'est pas celle qui rappelle simplement la sensation disparue.

Il n'y a pas un physiologiste de bonne foi qui n'objecte à la superficielle métaphysique de Condillac et d'Helvétius des faits qui la détruisent. L'imagination, telle que la conçoivent ces idéologues, est trop circonscrite, trop calculée pour embrasser les phénomènes de l'action spontanée de la plus active de nos facultés. Un médecin des plus éclairés de cette ville, M. Fouré, a donné un démenti formel et bien éloquent à cette science incomplète, dans un discours prononcé à l'école de médecine de Nantes, en 1818. C'est ainsi que quand un médecin n'est pas d'accord avec le spiritualisme, c'est faute de s'être assez élevé. La médecine, la première et la plus utile des sciences physiques, était toujours jointe autrefois à la plus haute philosophie.

Le peuple entend par imagination quelque chose de vague, d'obscur, d'indéfinissable, qui entre dans le cerveau, je ne sais comment, et qui de là flue dans le corps au moyen de la volonté, je ne sais comment encore. Quand il dit qu'une chose est imaginaire, il entend dire par là que cette chose n'existe pas, et j'avoue ne rien comprendre absolument à ce quelque chose qui, n'existant pas, produit néanmoins un effet réel.

L'imagination, considérée comme elle le

doit être, est une faculté ayant, comme les autres, son cercle d'action. Tout effet physique est le résultat d'une cause morale. Je ne sors pas de cet axiome incontestable. Ce qui nous donne l'être, en dernière analyse, est toujours une cause immatérielle. Dans tout acte vital se trouvent l'agent et le patient, l'actif et le passif. Notre corps se meut parce qu'une puissance morale, la volonté, le dirige.

Dans les actes du corps qui ne sont pas soumis à la volonté, quelque chose d'immatériel apparaît encore, c'est la vie; la vie qui ne s'engendre point de la rencontre fortuite de quelques molécules matérielles, mais qui descend de là haut ici bas; la vie qui n'est pas produite par la forme des organes, mais qui varie selon les réceptacles. Les rayons du soleil sont homogènes de leur nature, mais ils tombent autrement sur un corps que sur un autre; la vie est ainsi. Ce n'est pas comme le disait Anaxagore, et plus tard Helvétius, parce que l'homme a une main qu'il est devenu le roi des animaux, mais la main lui a été donnée, comme l'observe Aristote, parce que la providence le destinait à régner sur la nature. L'intelligence n'est point résultée de l'organe, seulement l'intelligence parfaite demandait un organe parfait.

Dire que l'imagination produit tel ou tel effet, c'est avouer qu'il y a en nous une faculté immatérielle qui modifie le corps; cet aveu me suffit: je n'en veux pas davantage pour expliquer tous les effets produits par Mme de Saint-Amour. Ses antagonistes et ses défenseurs, jusques là, marchent sur le même terrain. Si les premiers veulent actuellement attacher au mot d'imagination une idée qui attenue celle que j'attribue à cette puissance immatérielle, je suis en droit de leur demander de définir les termes. Quand le mot pris dans son acception la plus générale signifie l'action morale de l'âme sur le corps, j'y souscris; mais si l'on veut lui faire exprimer une autre idée, je dois discuter ce point de philosophie.

L'imagination qui agit chez les malades n'est pas sans doute cette faculté brillante chantée par Akenside et Delille. Le moribond n'éprouve pas un mieux physique, parce qu'il a donné l'essor à sa verve désordonnée; il est mieux, parce que son moral est dans une assiette différente. La cause morale a produit nécessairement l'effet physique, et nous ne pouvons rien concevoir qui n'ait sa raison dans la sphère de l'immatériel. Mme de Saint-Amour ne prétend pas produire autre chose:

seulement, la puissance morale qu'elle met en jeu elle l'appelle foi. Vous lui donnez le nom d'imagination; à vous permis de dénaturer les termes. Vous appelez prestige, autre mot non défini, le moyen qu'elle emploie pour agir sur le moral; elle donne à ce moyen le nom plus juste de prière, voilà toute la différence.

Mais, diront les agresseurs, « Nous ne con- » testons pas l'influence du moral sur le phy- » sique, nous employons le mot imagination » comme un mot convenu, et, pour avoir plu- » tôt fini; nous ne chicanons pas sur les ter- » mes. Mme de Saint-Amour agit sur les esprits » faibles et mille autres agiraient comme elle ». Voilà ce que je nie. Il y a une influence certaine d'âme à âme : les phénomènes de la fascination en histoire naturelle, ceux du magnétisme démontrent invinciblement cette action de la volonté sur la volonté. Un grand capitaine électrise ses soldats par un mot, par un geste, mais il n'y a pas d'exemple d'un ascendant de la volonté tel qu'il ait pu opérer les guérisons que nous avons vues.

L'âme agit sur l'âme sans doute, mais son action est limitée à de certains phénomènes, et les effets que nous avons signalés annoncent plus que la simple action d'une âme réduite à elle seule. Cette âme, qui en a ému tant d'autres, était douée dans ce moment d'une puissance bien extraordinaire, il faut en convenir! J'aurai beau chercher à frapper l'imagination d'une personne qui a perdu la vue, je suis bien sûr qu'elle ne verra pas plus clair pour cela. Mon âme n'est point en contact avec cette puissance immatérielle qui donne la vie et qui la retire, qui envoie la maladie et la guérison. . . . .

On dira que les malades arrivent chez Mme de Saint-Amour l'esprit frappé d'avance, et qu'ils sont ainsi disposés à recevoir toutes les impressions. Fort bien, mais comment cette conviction s'est-elle établie? Par des effets antérieurs, et, de proche en proche, nous remontons jusqu'aux premiers infirmes, pour lesquels le prestige de la réputation était nul. Voilà donc des gens guéris sans que la prévention ait aidé à la cure. En voici d'autres à présent; ce sont les enfans, les insensés et mille autres personnes qui n'offraient qu'une volonté passive à l'action puissante de la prière. Une forte passion, une émotion subite suspendront en moi peut-être un mal local; l'influence d'une personne qui me tiendra sous le charme d'une conversation animée pourra faire que je sentirai la douleur s'affaiblir; mais aucun effort de mon imagination ou de l'imagination d'autrui ne raffermira les membres d'un paralytique ou d'un boiteux.

Les partisans des effets obtenus par l'imagination emploient ce terme d'une manière très-inexacte, et cette confusion dans les termes en produit nécessairement une dans les idées. L'exemple tant cité du paralytique en est la preuve. Ce n'est pas, à proprement parler, l'imagination que nous trouvons chez le paralytique qui voit le feu prendre à sa maison; le sentiment puissant qui l'agite alors est la crainte et la crainte portée à son comble. Elle donne au corps une secousse telle que celui-ci se sent une force qu'il n'avait pas auparavant; le malade marche alors parce que le moral subjugue le physique. S'il était possible qu'il se soutint à ce degré d'exaltation mentale, il est évident qu'il ne se sentirait plus de son infirmité. La cause étant continuelle, l'effet serait constant; mais avec le danger, la crainte passe, et le malade reprend ses maux en retombant dans l'état ordinaire.

On voit clairement que cette cause n'était autre chose qu'une impression morale assez forte pour l'emporter sur toutes les autres et maîtriser les organes. C'est également une impression morale qui est produite par l'effet de la prière : tant qu'elle est dominante, le mal est écarté. Tous les effets qu'on cite rentrent dans la même explication : c'est toujours la force momentanée de l'âme agissant sur le corps qu'elle modifie. Tous ces exemples sont autant de preuves incontestables de l'influence du moral sur le physique. La prière est le plus puissant des leviers moraux ; il n'est pas surprenant qu'elle produise les effets matériels que nous avons énoncés.

On cite aussi, pour preuve du pouvoir de l'imagination, la personne qu'un violent mal de dents conduit chez le dentiste. A la vue de l'instrument fatal le mal se dissipe. Ici, comme dans le cas précédent, je ne vois autre chose que l'effet de la peur ; or la peur est quelque chose de très réel, bien qu'elle ne tombe pas sous les sens. L'immatériel, sous quelque nom qu'il se présente, est tout aussi réel que les organes physiques. La constitution organique de l'homme démontre son existence ; car je ne crois pas qu'on parvienne à prouver que l'homme se meuve tout seul, et soit la cause et la raison de sa propre vie. Celle-ci se rend dans les organes destinés à la recevoir, mais tel arrangement et telle combinaison des organes ne la produisent pas.

Trouvez-moi au reste une personne dont la vue excite chez les malades le même effet que l'instrument du dentiste, ou une impression égale à celle qui résulte du feu qui prend à une maison! Vous avouerez que cette personne est douée d'une puissance morale bien extraordinaire! Un seul fait de ce genre, c'en serait assez pour illustrer sa vie entière, et nous en avons vu de semblables se répéter pendant un mois. Il y a moins de difficulté à avouer qu'une puissance supérieure agit en elle, que de supposer qu'elle possède, je ne sais comment, cette puissance qui n'a pas d'explication dans la constitution humaine: je croirais tomber dans la superstition en la lui accordant. Celle que je lui suppose est du moins d'accord avec une théorie qui me la rend vraisemblable.

On dira que c'est du spiritualisme que cette manière d'expliquer l'influence de l'imagination et de la prière. Je l'avoue avec candeur, je ne connais pas en effet d'autre moyen de me rendre compte de l'homme et de ses facultés. Je ne suis pas encore venu à bout de me persuader que la matière aille toute seule.

Je crois, et en cela je suis d'accord avec la science moderne elle-même, je crois qu'il existe une sorte de médecine spirituelle et morale dont les effets sont incontestables. Chez les Egyptiens, cette science était unie au Sacerdoce, et les plus grands génies de l'antiquité croyaient que la pureté de l'âme, l'élévation des pensées étaient les conditions requises pour la guérison des maux. L'un des beaux morceaux d'éloquence de l'antiquité est l'hymne que Gallien adressait à la divinité.

Parmi nos médecins les plus connus, Mr Virey a traité de cette sorte de science avec détails, et ce n'est pas le lieu d'en discourir. Je ferai seulement remarquer que nos meilleurs physiologistes conviennent tous aujourd'hui que la perception transmise par les nerfs sensitifs est un fait primitif, insaisissable et en dehors de toute expérience physique. Placée, comme la volonté, hors des limites de l'observation matérielle, la perception n'est plus pour eux un phénomène nerveux ; ce n'est, par conséquent, ni l'irritabilité, ni la sensibilité, ni la contractilité.

Chassé du sanctuaire de la physiologie, le matérialisme n'a plus d'asile dans les simples ouvrages philosophiques. La direction du siècle

est

est changée, le sensualisme a disparu, non pas parce qu'il est de mode de se dire religieux quand les gouvernans ont des raisons de se montrer tels, mais parce que les meilleurs esprits ont reconnu son insuffisance. Le matérialisme avoué dans le dernier siècle par la haute société et repoussé par le clergé seul, ne se trouve plus aujourd'hui que dans les classes peu éclairées.

La pierre qui tombe dans l'eau produit, par sa chute, un ébranlement qui se communique au loin. Des cercles concentriques annoncent par leurs ondulations qu'il y a eu une secousse, mais, au milieu même de ces cercles, on cherche en vain, quelque tems après, la cause du mouvement; tout est devenu tranquille. A entendre les attaques dirigées à Nantes contre le spiritualisme, il paraît que nous sommes encore au milieu des ondulations produites par ce mouvement central qui a cessé depuis long-tems pour la classe instruite.

On veut que Mme de Saint-Amour fasse cause commune avec le spiritualisme, j'y consens, et je regarde dès-lors le procès comme entièrement terminé. Le spiritualisme qui est la base nécessaire de toute religion, de toute morale, voilà aux yeux des détracteurs de Mme de

Saint-Amour ce qui l'accuse et la ridiculise. Je prétends que c'est ce qui la défend et la rend respectable. Les noms les plus augustes de tous les siècles, les grands hommes de tous les pays, voilà ce qu'on a la mal-adresse de compromettre en accusant Mme de Saint-Amour de spiritualisme. Croirait-on, si l'on n'en avait la preuve écrite, que le spiritualisme, dont on fait ici un reproche si absurde, entre dans les sales couplets avec lesquels on a amusé le peuple!... Mr Charles Durand, qui a eu occasion de voir Mme de Saint-Amour, m'a assuré qu'après avoir prononcé ce mot dans l'une de ses séances littéraires, il reçut le lendemain plusieurs lettres dans lesquelles on lui disait de se retracter : voilà un trait caractéristique.

La plupart de ceux qui plaisantent sur le spiritualisme sont dans cette ville du côté de l'opposition ; mais ils se méprennent complétement sur le but du parti même qu'ils soutiennent ; le libéralisme n'avoue pas le matérialisme, loin de là, tous les jours il lui donne des démentis formels. Ce n'est pas en niant Dieu, et en désavouant la noblesse de son être, qu'on est digne d'invoquer la liberté. Tous ceux qui ont eu à la bouche ce mot sacré mais tant prostitué, ont été en même-tems les plus stricts observateurs de la religion. Washington et Franklin, qui marchent à la tête des champions de la plus belle des causes, désavoueraient hautement les maladroits qui la compromettent. La liberté, si elle n'est pas sanctionnée par l'idée d'un Dieu et de l'autre vie, n'est que de la licence. C'est le secret désir de s'affranchir de tous les jougs, pour être exempt de tous les devoirs. C'est le code de l'immoralité tel que le conçoit la lie du peuple. C'est à la fois le libertinage qui amollit l'âme, et la science qui dessèche le cœur.

Les partisans de l'autorité n'aiment pas non plus le spiritualisme, qui donne de l'énergie à la conscience et détruit l'empire de la routine et des préjugés. S'il est accueilli et prôné, c'est précisément par les talens les plus brillans du parti de l'opposition. MM. Benjamin-Constant, Keratry, Daru, de Barante, de Broglie, ces éloquens défenseurs des libertés publiques, sont en même-tems les plus intrépides soutiens de la cause du spiritualisme. C'est lui qu'enseignait Mr Royer-Collard à l'école normale, quand, suivant les traces de Reid et de Dugald-Stewart, il a le premier en France attaqué l'école de Condillac. C'est lui que démontre aujourd'hui Mr Cousin. Mr Degerando, dans l'histoire de la philosophie, ne trouve pas une autre science, depuis les siècles héroïques jusqu'à nous.

C'est en l'invoquant avec franchise que Mr Droz mérite d'être couronné par l'Académie Française. MM. Guizot et Villemain lui rendent journellement hommage, dans leurs leçons si instructives à la fois et si pleines d'esprit. Le *Globe* en proclame ouvertement les principes. Enfin, la Société de la *Morale Chrétienne*, cette Société qui se fait gloire d'avouer un nom dont rougiraient bien des libéraux de Nantes, est formée en totalité de spiritualistes éclairés qui sont en même-tems les écrivains, les hommes d'état et les savans les plus recommandables du parti libéral.

Je ne connais donc pas de moyen plus assuré de mettre Mme de Saint-Amour hors de toute atteinte, que de lui faire faire cause commune avec le spiritualisme. Mme de Krudner, qui a parlé comme elle de religion, mais qui n'y a pas joint comme elle les œuvres charitables que nous avons tant admirées, Mme de Krudner, dis-je, n'a recueilli partout, sur son passage, que les égards dûs à son sexe et à ses intentions. Ses erreurs ont été respectées. Les hommes les plus éclairés de la capitale se sont fait honneur d'avoir quelques rapports avec elle. A Nantes, bien certainement, elle n'eût reçu que des outrages. On n'aurait rien voulu entendre, on n'aurait rien examiné, sa religion toute libérale eût été pour nos libéraux du jésuitisme. Voilà comment on prend le change chez nous, et comment on se met en colère contre les mots, faute d'être assez instruits des choses.

Il est tems d'en venir au magnétisme. Je dois l'avouer avec franchise, si nous sommes restés en arrière ici à l'égard du spiritualisme, nous le sommes bien davantage dans le magnétisme. Rejetée du plus grand nombre, malgré son évidence, cette science n'est considérée que comme une science physique. Il y a cela même de très-remarquable. Avant l'arrivée à Nantes de Mme de Saint-Amour, tout le monde niait le magnétisme; voilà maintenant des effets, il faut les expliquer: on invoque alors, on tire de l'oubli ce magnétisme auquel on ne croyait pas. Comment prendre en défaut des adversaires qui ne sont déjà plus aujourd'hui sur le terrain où ils vous défiaient hier?

Nos savans veulent palper le fluide magnétique, ils veulent calculer ses effets comme ceux du calorique, de l'électricité, du galvanisme; et parce que, nécessairement, on échoue dans cette investigation physique d'une chose immatérielle, on la nie. On matérialise ce qui dépend de la plus mystérieuse des facultés, la volonté. On n'en est pas encore rendu à savoir qu'une chose existe, dès-lors que les effets en sont constatés, mais que cette chose, néanmoins, peut rester inaccessible à l'expérience et au calcul.

Ce manque de preuves n'infirme pas l'existence des choses: pour croire au mouvement, il n'y a pas besoin de s'en expliquer la théorie; il n'y a, comme ce philosophe de l'antiquité, qu'à marcher soi-même. Pour croire à l'action de la volonté sur un autre, il n'est pas nécessaire de se rendre claire et positive l'union mystérieuse de notre volonté et de nos organes, et les rapports encore ignorés qu'elle peut avoir de l'homme sur l'homme. Il est croyable que nous ne parviendrons jamais à découvrir ce mystère; il suffit de constater le fait.

Je ne sais pas comment il arrive que ma main obéit à ma volonté, mais je le sais, parce que je le sens; il en est de même du magnétisme: il ne faut pas chercher à se l'expliquer avant d'y croire, mais il faut le voir d'abord pour le reconnaître ensuite.

Si la théorie dont je me sers est imparfaite, je dois la rejeter et non pas nier la chose qu'elle a infructueusement tenté de m'expliquer. La théorie nous manque pour beaucoup de choses que nous sommes néanmoins forcés d'avouer. Le premier pas fait en philosophie nous fait appeler à nous les explications et les systêmes ; le dernier nous débarrasse de ces moyens conventionnels, pour nous rendre plus disposés à l'évidence. Le premier pas est la négation entêtée de l'inexplicable, le dernier en est souvent l'aveu.

Je ne donnerai pas ici une théorie du magnétisme pour combattre celle dont on s'étaye dans la critique faite des guérisons de Mme de Saint-Amour. J'ai hasardé sur ce sujet, dans le 2e volume du *Lycée Armoricain*, quelques réflexions qui me paraissent encore sans réplique, et auxquelles je renvoie le lecteur. S'il fallait la théorie de chaque science invoquée dans le procès intenté à Mme de Saint-Amour, ce ne serait pas assez de plusieurs volumes. Je n'ai qu'un fait à détruire. On dit que Mme de Saint-Amour a magnétisé ses malades; je puis affirmer que j'ai été présent à la plupart des cures, et qu'à l'exception de Mr de Laubépin, je n'ai pas aperçu de magnétiseur, soit parmi les malades, soit parmi les témoins.

Cette imputation absurde a pu résulter d'une supposition toute gratuite. M. Bernard, a-t-on dit, magnétisait; Mme de S.-Amour aura appris de lui cet art qu'elle pratique aujourd'hui. Dans ce cas, on lui aurait enseigné quelque chose qu'ignorent encore tous nos docteurs. Je lui ai ménagé un entretien avec M. Lamaïgnière, l'un des hommes de notre ville les plus instruits dans ce genre de connaissances, et il a été forcé de reconnaître ici *quelque chose de plus puissant que le magnétisme.* Je me sers de ses propres expressions : ce quelque chose de plus puissant que le magnétisme, qu'est-ce que c'est, si ce n'est ce que nous avons reconnu tout à l'heure de plus puissant aussi que l'imagination. Il n'en faut pas davantage : ce qui est au-delà de la sphère des effets connus ne leur appartient plus.

J'invoque ici le témoignage des gens sensés : existe-t-il un magnétisme capable d'opérer les effets dont nous avons été témoins. Jusqu'à ce que quelqu'un opère par le magnétisme ce qu'a obtenu Mme de Saint-Amour, je suis en droit de récuser cette science.

Après s'être mis en rapport avec un malade, un magnétiseur, au bout de deux ans, produira peut-être une cure. Mais quel est l'Hercule qui ne succomberait pas à la fatigue d'en faire quarante dans un seul jour? Pour s'expliquer ce prodige, on a profité d'une circonstance que je ne dois pas oublier. Après de longues fatigues de corps et d'esprit, Mme de Saint-Amour fut contrainte, à la fin de la première semaine, de prendre du repos pendant le jour. C'en fut assez pour accréditer le bruit qu'après la guérison de chaque maladie, elle était si épuisée par la perte du fluide magnétique, qu'elle était forcée de se jeter sur un lit. Les jours précédens elle aurait donc été obligée de recourir à ce moyen tous les quarts d'heure! Quelle ineptie!

Cette indisposition donna lieu également à de ridicules plaisanteries. Si elle est malade, disait-on, que ne se guérit-elle, elle-même? comme si l'exercice prolongé de son active charité ne lui ôtait pas le repos nécessaire à sa santé. Ainsi, dans ce qui eût dû lui attirer de l'intérêt, on trouvait un motif d'insulte.

Les cures, qu'opère le magnétisme, sont souvent produites par les remèdes qu'indiquent les somnambules eux-mêmes. Quel est le malade qui, dans ce cas-ci, a recouvré la guérison par ce moyen ? Il faut tâtonner dans les indications si souvent inexactes des somnambules, pour arriver au remède qui chassera le mal; ici il n'y a eu aucune incertitude dans les cures produites. Une foule de maladies qui résistent bien évidemment au magnétisme, ont cédé à la prière.

Quel est le magnétiseur qui, après dix ans de tentatives, fera marcher un paralytique? Et, ce phénomène, nous l'avons vu produit en moins de dix minutes. Quelle est la puissance magnétique capable de faire tomber un épileptique, et de lui arrêter sa crise à l'instant même ? C'est ce qu'ont vu plusieurs fois un assez grand nombre de témoins. Je citerai, comme non suspect à cet égard, M. Marquer, officier de santé à Sucé, qui a vu tomber dans cet état un épileptique, que lui-même avait choisi et fait entrer chez lui.

Un médecin de mes amis, qui se défie, avec raison, du magnétisme, m'écrit récemment de Paris, qu'il a vu des cures extraordinaires opérées par la prière.

Le magnétisme, tel que nous le connaissons, est incapable de produire ces effets. Qu'on charge un magnétiseur des cures que nous avons citées, et on verra si cela lui sera possible.

On insiste, on prétend que des découvertes nouvelles dans cette science ont mis Mme de Saint-Amour à même de produire de tels prodiges. Voilà au moins un point de gagné; ce n'est plus de la sorcellerie dont il est question, c'est une découverte scientifique, et, sous ce rapport, au moins, elle mérite notre attention et notre respect. Une vache vient de mettre bas, dans la commune de Couëron, trois veaux à-la-fois: Le Préfet de la Loire-Inférieure écrit à la Société académique de Nantes, pour la prier de constater ce fait. Personne n'a demandé à cette Société de nommer une commission pour examiner les cures, bien autrement importantes de Mme de Saint-Amour, et le magnétisme inconnu dont elle se sert: loin de là, une défaveur qu'elle ne méritait pas l'attendait à notre savant aréopage. Un académicien, assez peu galant, a déclaré même que si on tentait de la présenter à la société, il se placerait devant la porte pour lui en interdire l'entrée. La science, en vérité.

est bien peu polie chez nous ! On ne se compromet pas pour donner la main aux dames, et quand on est sûr de son savoir, on ne craint pas le ridicule attaché au nom de sorcière. La science superficielle a peur de la moquerie ; la science véritable l'affronte, parce qu'elle est sûre d'en triompher.

Ce n'est pas assez de supposer un magnétisme inconnu jusqu'à présent : il faut le prouver. Or je ne connais aucun ouvrage qui en fasse mention. Comment se fait-il qu'un public qui ne savait ce que c'était que le magnétisme, il y a deux jours, se trouve maintenant assez habile pour y faire des découvertes aussi inattendues ? M. Deleuze devrait bien s'emparer de ce fait, et l'ajouter comme appendice à son livre, à la place de la notice assez inexacte qu'il nous a donnée sur les théosophes.

Ce magnétisme qui fait gagner tant de tems, puisqu'il opère en un instant ce que l'ancienne science ne produisait qu'après des années, cet extrait, cet abrégé de magnétisme a, sans doute, des lois particulières : qu'on nous les fasse donc connaître. Quand on nie une chose sous prétexte que l'explication en est vague et obscure, on se met dans l'obligation de ne dire soi-même que des choses très-claires ; or, je ne vois ici qu'un agent impossible, créé exprès pour expliquer d'une manière confuse ce que la prière expliquerait si bien.

On a donné même un nom à ce magnétisme: c'est le magnétisme libre. On dit que le capitaine Bernard possédait des manuscrits sur cette science; que son frère, M. Bernard-des-Essarts, premier adjoint à la Mairie de Nantes, en était dépositaire; et que ces manuscrits traitant de la science magnétique, telle qu'elle est cultivée dans le Nord, renfermait tous les secrets de Madame de Saint-Amour. M. Bernard-des-Essarts a confié ces pièces à M. de Tollenare, qui n'y a trouvé que ce que tout le monde connaît. Parmi ces papiers se trouve un écrit important sur le magnétisme religieux, peu connu en France, et qui mérite bien de l'être. Cet écrit est trop raisonnable pour supposer au magnétisme la puissance des guérisons que nous avons vues. J'en possède, depuis long-tems, une copie que je communiquerai bien volontiers à ceux qui seraient curieux d'en prendre lecture.

Quelques-uns ont prétendu que Madame de Saint-Amour pouvait être à l'état de somnambulisme dans le moment de ses cures. Les magnétiseurs qui sont dans cet état, et qui jouissent de la double vue, ont, dit-on, une puissance décuple de celle des autres. Je le veux bien ; mais cette puissance décuple n'est pas suffisante encore. Y a-t-il eu, avant Mme de Saint-Amour, un autre magnétiseur qui en ait fait autant? Je ne le crois pas ; et comme elle serait la première, je craindrais fort que ce fût encore là un cas imaginé exprès pour elle.

Une autre réflexion détruit tout à fait cette supposition. Mme de Saint-Amour est, dans cet état, à son insçu, ou avec pleine connaissance de cause. Si c'est sans le savoir, les témoins le savent bien, et on ne me persuadera jamais que j'avais sous les yeux une somnambule à double vue, répondant à mes questions, comme une personne éveillée. La féerie n'aurait rien imaginé de plus merveilleux. Ce sommeil d'un mois est bien plus inconcevable que celui d'Epiménide : la *Belle au bois dormant* est une fiction moins agréable ; car il faut encore expliquer le sommeil ordinaire qui venait interrompre tous les jours ce sommeil magnétique, et indiquer la différence des songes de la nuit de ceux du jour : ce serait une double vie. La tête du métaphysicien le plus habile tournerait pour expliquer ces sensations.

Si Mme de Saint-Amour entrait dans cet état de somnambulisme à certains momens, elle le savait, et alors elle est bien coupable de nous avoir trompés. La vérité est une condition requise pour magnétiser, et Mme de Saint-Amour nous assure qu'elle a pour le magnétisme une répugnance extrême, que depuis qu'elle se livre exclusivement à la religion, elle l'a tout-à-fait abandonné pour prier. Cette déclaration formelle me semble suffisante. Je ne croirai jamais que les prières ferventes que je l'entendais adresser à Dieu, que les larmes sincères que je lui voyais répandre, fussent autant de moyens de nous tromper. On peut, sans inconvénient, jouer la comédie dans les petites choses, mais appeler Dieu à témoin, mais tromper les hommes dans ce qu'ils ont de plus cher, insulter l'humanité dans la personne des infirmes, c'est un genre de scélératesse dont je la garantis incapable. Tout crime a un but, et quel serait le motif de celui-ci ? Elle a tout refusé, les offrandes de la reconnaissance, les remercîmens du pauvre, et les éloges de l'amitié.

Les gestes de Mme de Saint-Amour ont donné lieu de croire, aux observateurs superficiels, qu'elle employait le magnétisme. Il peut y avoir dans ces gestes quelque chose que l'habitude et l'instinct du moment inspiraient; dans tous les cas, je ne sais pourquoi Mme de Saint-Amour se serait abstenue de toucher ses malades, dans la crainte de donner lieu à une semblable imputation. Les cures opérées par tous ceux qui ont reçu du ciel le don de guérison ont toujours été accompagnées de l'imposition des mains.

La doctrine religieuse même que professe Mme de Saint-Amour, celle de Swedenborg, rend raison des gestes. (Voyez *la sagesse angélique sur l'amour divin et la divine sagesse*, 3me partie, traitant de la science des degrés). Mais parmi ses détracteurs, il n'y avait pas dix personnes en état de discourir avec connaissance de cause sur le magnétisme, et, bien certainement, il n'y en avait pas une seule qui connût la doctrine religieuse qu'elle professe, et qui, aux yeux du témoin instruit, légitimait toutes ses actions et toutes ses prières.

Le magnétisme, réduit à son principe unique, réside dans l'action de la volonté sur une autre volonté. Que l'agent de cette puissance soit un fluide

fluide vital ou non, toujours est-il qu'elle est. Maintenant, où cette volonté puise-t-elle la force nécessaire pour agir? Ailleurs sans doute.

La matière ne s'est rien donné: elle a tout reçu, et l'homme est le récipient et non la source de toute puissance immatérielle. C'est donc du monde spirituel que viennent toutes les forces et toutes les puissances possibles. Ce monde est l'intermédiaire entre l'homme et Dieu. Mélangé encore comme celui-ci, puisque tout n'y est pas encore épuré, le magnétiseur y trouve le vrai comme le faux. Le crime comme la vertu y a ses analogues, delà l'incertitude des cures magnétiques.

C'est dans un degré plus haut que l'active prière opère ses miracles. Dépouillé de lui-même, l'homme reçoit la vertu d'en haut avec tous ses dons. Les choses que séparent les degrés sont d'une nature si étrangère les unes aux autres, qu'elles ne diffèrent pas du plus au moins, mais comme l'antérieur du postérieur, la cause de l'effet. Voilà comment les disciples de Swedenborg entendent les dons accordés à la prière.

Cette digression et surtout cette phrase sur la science difficile des degrés, seront inintelligibles pour ceux qui ne professent pas la même doctrine qu'eux. Les critiques néanmoins n'ont pas à s'en plaindre. Ils blâment des effets dont une doctrine particulière donne la théorie ; ils sont dans la nécessité de l'étudier auparavant. Si on avait voulu chansonner Mr Margat, qui a fait, il y a peu, une ascension dans cette ville, les chansonniers ne se seraient-ils pas mis dans l'obligation d'écouter les détails techniques que leur aurait donnés le physicien chargé de la défense de cet aëronaute?

La prière, voilà, aux yeux de la religion, de la philosophie, du bon sens, la seule explication des guérisons opérées par Mme de Saint-Amour. Rendues inintelligibles par les altérations qu'elles ont subies en passant de bouche en bouche, la crédulité des uns, la malveillance des autres les ont présentées comme des choses impossibles. S'il y eût eu un mot au-dessus de celui de miracle, on le leur aurait appliqué pour avoir le droit de les nier avec plus d'apparence de justice.

Ces cures sont des actes d'un ordre particulier que la philosophie religieuse avoue. Ce ne sont pas des miracles tels qu'on les conçoit, mais des faits, à l'appui d'une science particulière de l'homme considéré dans ses rapports avec la divinité. Ils sortent du cours ordinaire des choses, si l'on veut, mais ils rentrent dans un ordre connu qui s'est manifesté à certaines époques, selon certaines circonstances, et qu'il est toujours au pouvoir de la nature humaine de reproduire. Aux yeux des hommes religieux, l'Evangile est la promesse authentique de ces effets.

Je renvoie ceux qui douteront de l'efficacité de la prière aux ouvrages écrits sur cette matière. Les livres saints nous disent que tout est possible à celui qui prie avec ardeur. Fénélon et Saint-Martin, nous offrent la démonstration la plus éloquente de cette vérité. Mr de Maistre dit assez heureusement de la prière, que c'est la dynamique confiée à l'homme.

Ceux qui nieront la possibilité des cures, n'auront pas seulement la théorie à combattre, ils auront à nier aussi les guérisons opérées dans d'autres lieux et dans d'autres siècles. C'est une affaire de critique historique dont je ne me charge pas. J'ai voulu seulement répondre aux attaques dont Mme de Saint-Amour a été l'objet, et traiter sous son point de vue véritable, une question que l'impatience du moment et l'agitation des esprits avaient déplacée.

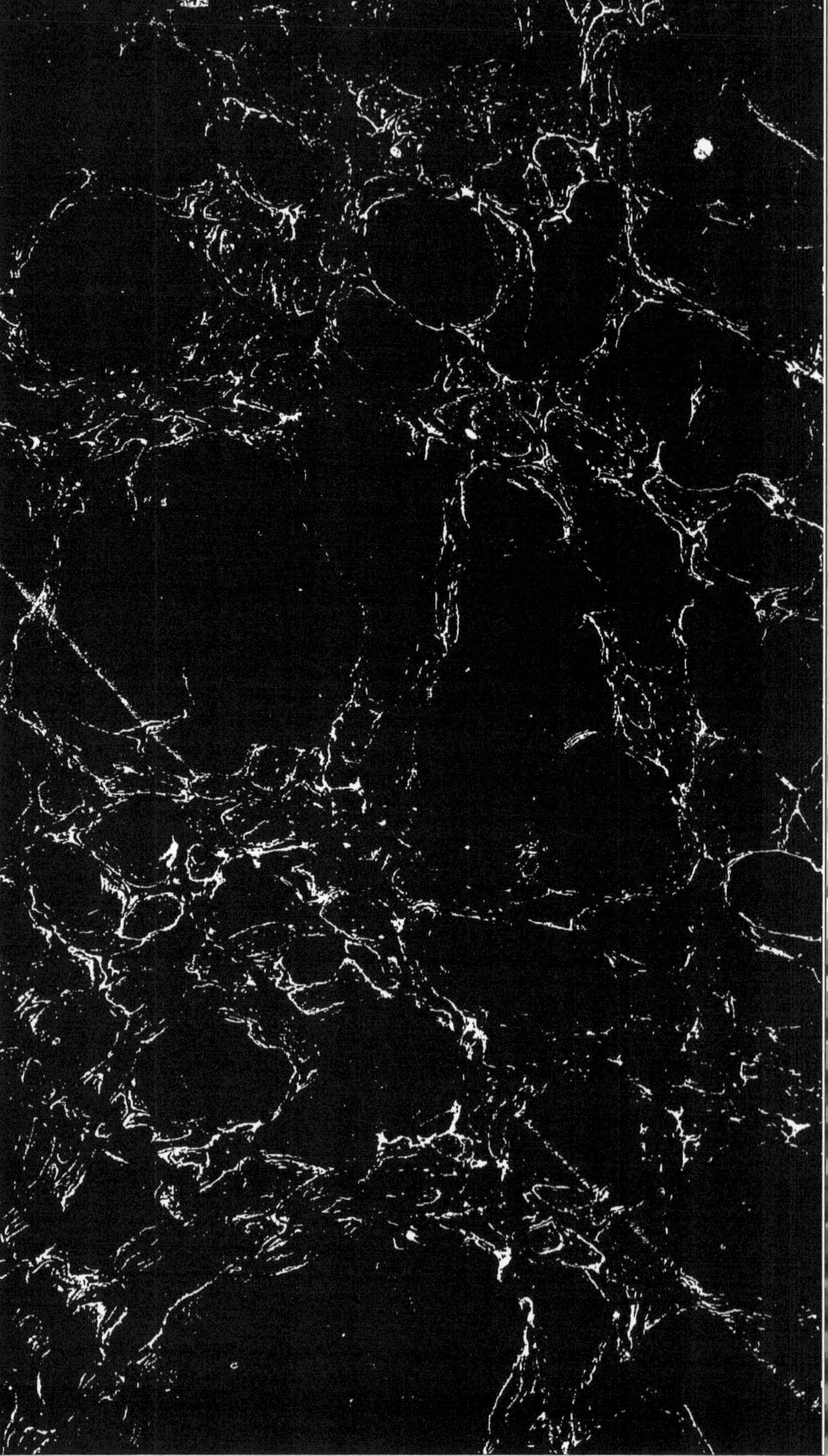

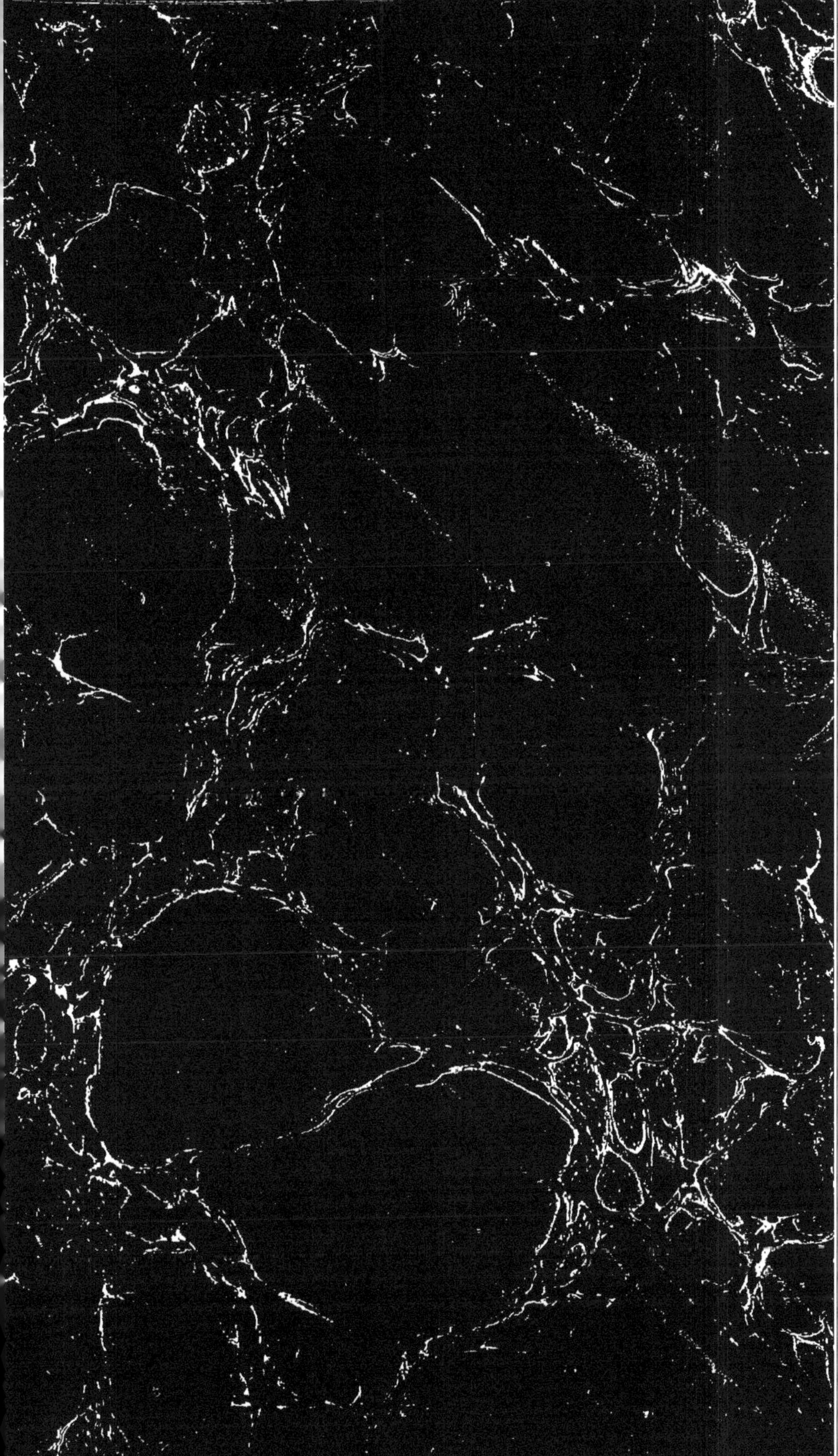

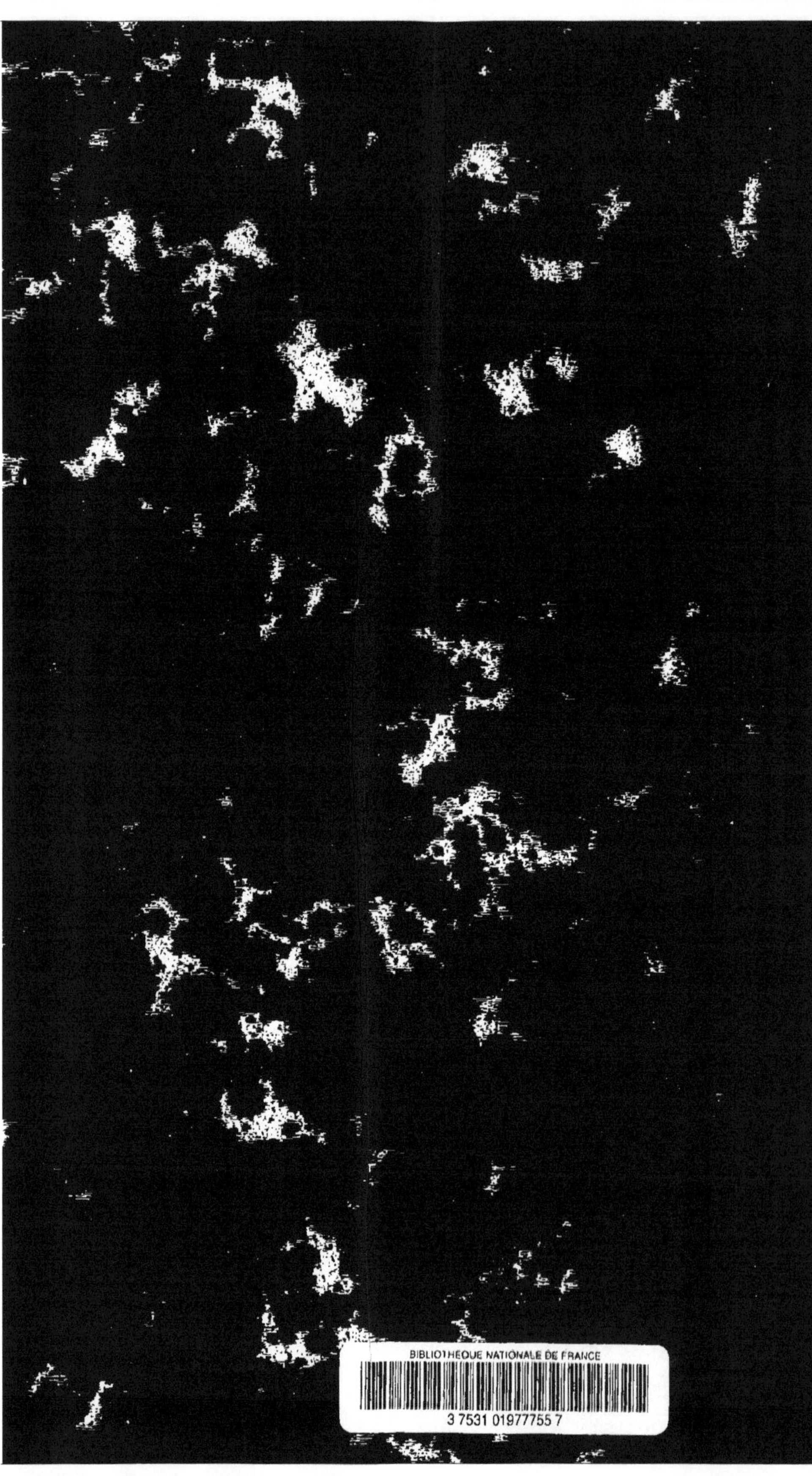

www.ingramcontent.com/pod-product-compliance
Ingram Content Group UK Ltd.
Pitfield, Milton Keynes, MK11 3LW, UK
UKHW021233230726
13926UKWH00003B/1414

9 782014 439113